パンダ先生の心理学図鑑

熊猫老师的
心理学图鉴

[日]木瓜制造 著　范丹 译

北京时代华文书局

图书在版编目（CIP）数据

熊猫老师的心理学图鉴／（日）木瓜制造著；范丹译 . — 北京：北京时代华文书局，2022.5
ISBN 978-7-5699-4561-4

Ⅰ. ①熊… Ⅱ. ①木… ②范… Ⅲ. ①心理学－通俗读物 Ⅳ. ① B84-49

中国版本图书馆 CIP 数据核字（2022）第 044312 号

PANDA-SENSEI NO SHINRIGAKU ZUKAN
Copyright 2017 by Paw Paw Poroduction
First published in Japan in 2017 by PHP Institute, In.
Simplified Chinese translation rights arranged with PHP Institute, Inc.
through Bardon-Chinese Media Agency

北京市版权局著作权合同登记号　图字：01-2018-4409

熊猫老师的心理学图鉴
XIONGMAO LAOSHI DE XINLIXUE TUJIAN

著　　者｜[日]木瓜制造
译　　者｜范　丹
出 版 人｜陈　涛
责任编辑｜余荣才
执行编辑｜李唯靓
责任校对｜薛　治
装帧设计｜孙丽莉　王艾迪
责任印制｜訾　敬

出版发行｜北京时代华文书局 http://www.bjsdsj.com.cn
　　　　　北京市东城区安定门外大街 138 号皇城国际大厦 A 座 8 层
　　　　　邮编：100011　电话：010-64263661　64261528

印　　刷｜北京毅峰迅捷印刷有限公司　010-89581657
　　　　　（如发现印装质量问题，请与印刷厂联系调换）

开　　本｜880 mm×1230 mm　1/32　印　张｜7　字　数｜219 千字
版　　次｜2022 年 8 月第 1 版　　印　次｜2022 年 8 月第 1 次印刷
成品尺寸｜145 mm×210 mm
定　　价｜48.00 元

版权所有，侵权必究

前言

　　本书将心理学用语与其使用效应相结合，适合不懂"心理学究竟是什么"的新手，也推荐已经涉猎心理学的读者利用本书进行归纳总结。

　　本书以心理学实验和研究成果为依据，进行针对性介绍，并进一步解释"为什么会这样""心理效应的大小是怎样的"，以及"个体反应大小是否有差异"等问题，让读者从中得到独一无二的知识。

　　无论你是新手还是达人，本书都能让你有所启发。

　　对新手来说，心理学究竟是什么呢？在此先做简单说明。我们在看令人感动的故事或电影时会哭泣，在被人称赞时会开心地微笑，在听到令人不快的言语时会悲伤或愤怒，这一切都源于内心活动。简单来说，心理学就是通过观察人类行为，探究其行为的原因和动机，以此对心理活动进行科学性研究的科学。

　　比如在某些情况下，多数人在看到特定的事物后会产生相似的情感，而了解这种心理倾向并用于自己的生活和社会交往就是心理学的目的之一。

　　接下来，洪堡企鹅戈本和精通心理学的熊猫老师将带领各位畅游生动有趣的心理学世界。

戈本与本书领航员熊猫老师的邂逅

① 在南美洲海岸

② 有个名叫戈本的洪堡企鹅幼崽。

③ 戈本不希望长大后成为成年洪堡企鹅的样子。
- 名字难听
- 外表也不好看

④ 戈本对父亲说出了自己的愿望。
- 我想变成又帅又受欢迎的企鹅。

⑤ 是吗……那你去日本看看怎么样？

⑥ 那里有个利用心理学成为大红人的熊猫老师。

⑦ 心理学？

⑧ 你去日本跟熊猫老师学习心理学怎么样？

⑨ 戈本犹豫了几天……
- 去日本学心理学吗……

我去学习了！
最终决定前往日本……
一路小心！
船在海上颠簸了不知多少天之后……
戈本终于到达日本。
动物园
就是那里！
一直等到天黑，他才从后门进入熊猫馆。
却误入狮子园……
不准站在我身后！
哇！
啊，好恐怖！
熊猫馆
是这里没错了！
熊、熊猫老师……
你是谁？
我叫戈本，这是父亲让我转交给您的信。

⑲
嗯，原来是这么回事。
戈本将信交给熊猫老师，讲述了事情的原委。
所以呢？所以呢？
⑳
你父亲对我有恩，所以我愿意教导你。
㉑
戈本，你一开始看到我时有什么想法？
㉒
嗯……又大又白又黑，而且眼睛周围是黑的。
㉓
这种最初印象被称作『初始印象』，实际上是非常重要的心理效应。
㉔
另外，从背后靠近狮子也是错误的做法。
要注意私人空间。
㉕
而且你的『认可需求』似乎特别强烈……
好厉害
㉖
熊、熊猫老师太厉害了，心理学好像很有趣呢！
㉗
那么我们先从这三点来进行说明吧。
· 首因效应
· 私人空间
· 认可需求
好的

引子

首因效应

A 开朗 可爱
　 固执 狡猾

B 固执 狡猾
　 开朗 可爱

嗯嗯

大 心理效应
小 个人差异

> 人具有容易对第一眼所看到的东西印象强烈并长时间保持该印象的心理，这就是所谓的首因效应。上方列出了表现某只熊猫的形容词，从直观感觉来看，是否A熊猫更能让人产生好感？其实A和B只是调换了词组的顺序，所使用的形容词完全一样。但由于给A先列出的是正面词语，所以受首因效应的影响，会让人对其产生好感。

首因效应有这么强的影响啊！

戈本一开始对我的好印象会一直保持下去！

　　首因效应是众多心理效果中较强的一种，甚至能影响人的无意识的判断标准。该心理效果在商业世界也广为人知，人们在设计、拍照、摄影等方面对"能给顾客怎样的初始印象"这一点进行了各种研究。

在介绍别人时，将正面词语放在前面更能给人留下好印象。

善妒
固执
……
→ 印象减分

知性
勤勉
……
→ 印象加分

实验

心理学家阿希曾对学生做过一个实验。他发现在介绍某个人时，按"善妒→固执→爱批判→冲动→勤勉→知性"的顺序介绍，比按"知性→勤勉→冲动→爱批判→固执→善妒"的顺序介绍更容易给人留下不好的印象。即使所说的是同样的内容，最初印象依旧能决定整体印象。而在此之后所获得的相关信息都可以根据个人好恶来进行解释，所以很难改变最初印象。

熊猫老师所使用的心理诀窍

第一印象非常重要，尤其是第一眼。

发型→
服装→
→外貌

其次是谈话内容，它的效果弱于第一印象。

与人初次见面时留给对方的"第一印象"也是初始效应。因为最初的印象会长时间留在对方心中，所以为了给对方留下好印象，尤其需要注意外貌、服装、发型等"第一眼"因素。其中，给对方留下清爽印象的"清洁感"尤为重要。以我自己为例，由于腹部和背上的白毛经常弄脏，因此为了获得好的初始效应，我会特意将可爱而开朗的干净脸部展现给孩子们看。

关联效应
→近因效应
→峰终定律
→锚定效应
→增减效应

戈本的领悟：
我不知道熊猫老师是否爱清洁，但我知道了最初的印象是很重要的！

认可需求

[公司] [友人] [家庭] [学校]

大 心理效应

大 个人差异

我们都拥有团体归属需求，在社会中寻求自己的立场。融入社会对我们而言不仅与利益相关，更是一种原始需求。所谓认可需求就是个人希望获得社会中他人认可的需求。近年来，这一认可需求日趋凸显，表达想"被认可"愿望的人也日益增多。

公开照片的人多数是想获得他人认可。

拍照

这种需求如果持续扩大，也可能陷入危险境地……

不知要选哪张

有的人会通过社交网络炫耀自己的生活，或者通过强调某种东西（特别的或不幸的事物）来获得认可。但如果从他人的认可中得到快乐后一发不可收拾的话，则有可能给他人造成困扰，甚至演变成以谎言来获得关注，所以请各位多加注意。

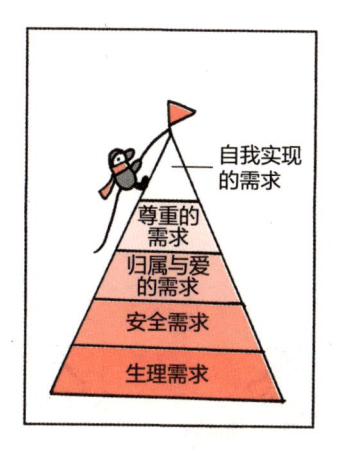

理论

美国心理学者马斯洛认为人类的基本需求由五个阶段构成，通常是由下往上成长。

从最底层开始，首先是生存的基本需求，即"生理需求"；接着是寻求安全和稳定的"安全需求"、寻求同伴和团体感情联系的"归属与爱的需求"、想获得他人重视的"尊重的需求"；最上层则是磨炼自我才能和能力的"自我实现的需求"。越处于下层，对这些需求的欲望越强烈。

（金字塔图：自我实现的需求／尊重的需求／归属与爱的需求／安全需求／生理需求）

熊猫老师所使用的技巧型心理术

不要过度在意他人目光。

即使做了微不足道的事，也要反复表扬自己。

我已经很努力了

想成为帅气企鹅的戈本也具有强烈的认可需求。不过若是认可需求过高其实并不好，因为当他想表现自己最好的一面时，往往会下意识地说谎或夸夸其谈，还可能过度察言观色；再进一步发展，则可能口出恶言，贬低他人价值，以致失去朋友。要摆脱这一困境，就必须实现自我认可。简而言之，就是无论做了什么事都要夸奖自己"已经做得很好了"。另外，还需要学会夸奖别人，不懂得夸奖别人的人也得不到别人的夸奖。很多人都疏忽了这一点，但这一点其实非常重要。

关联效应

→制服效应　　→亲近需求

→责任效应　　→自我肯定需求

戈本的领悟：
原来如此！
因为自己不认可自己，
才希望获得他人认可啊！

私人空间

悄悄地

中 心理效应
大 个人差异

身处满员电梯或上班时间的地铁内时，你应该会感到不舒服。这是因为自己周遭被称作"私人空间"的地盘被他人入侵了。被他人入侵而感到不适的距离，左右约有1米，前后有0.5~1.5米。男性大多呈前后稍宽的椭圆形，女性则大多是以自己为中心的圆形，并且根据对象（陌生人、朋友、家人、恋人）和目的（对话、递东西等）的不同，其范围也会发生变化。

男性的前后范围稍宽，整体较大，有的人特别讨厌感觉背后有人靠近。

女性则大多呈圆形，整体范围小于男性，但当遇到难以应付的对象时，会扩大范围。

习惯坐在车内靠窗位置，是因为私人空间也只暴露了一半，这样既不容易受他人影响，也不容易影响他人。此类人往往都具有讨厌受别人影响和讨厌影响别人的倾向。

实验

美国精神病医生金泽对监狱里的暴力型囚犯和非暴力型囚犯的私人空间进行了测试。即让实验者逐步靠近囚犯，直到囚犯喊停，以此来测定距离（严格来说这并不算是真正意义上的私人空间）。结果是，暴力型囚犯的安全距离约为9米，而非暴力型囚犯的安全距离是2.1米。该实验还表明，非暴力型囚犯和普通人一样呈现私人范围向前方加大的情况，而暴力型囚犯是后方范围更大。

熊猫老师所使用的技巧性心理术

长时间处于对方的私人空间的话……

对方很容易对此人产生好感。

人们一般不会让讨厌的对象进入自己的空间，但如果有人长期留在自己的私人空间，往往就会对此人产生好感，这也是一个心理学小技巧。所以想和某人做朋友的话，只要创造一个必须相互接近的场所就可以。例如，吃饭的地点可以选择吧台而不是饭桌。另外，还要注意：暴力型对象的背后私人空间往往比较大。

关联效应

→邻近效应

→电梯里的视线现象

戈本的领悟：
不能从背后接近暴力型对象啊！好可怕！

心理学的种类

> 继"三种效应"之后,
> 接着介绍心理学究竟有哪些类别。

心理学的研究对象范围极广,且具有各种不同的类型。人的感情与行动都有动机,有统一的思考倾向或法则,心理学就是研究这些并致力于通过利用它们而让人的生活更为丰富。心理学大致分为基础心理学与应用心理学。

在具体说明各种心理效应之前,先介绍一下心理学的构成。

基础心理学

我们通过实验和观察来研究基础心理学。基础心理学是不用于实践的,而是作为应用研究所依据的一般性法则来研究。

● **社会心理学**

我们以科学的手段研究处于社会中的团体和个人各自会采取怎样的行动。当个人进入团体时会发生怎样的变化?人为什么会对某些人宽容,却会责备或攻击另一些人?我们所研究的就是这些心理倾向。

● **认知心理学**

　　我们研究知觉、记忆、理解、思考等认知功能，调查人类如何通过眼睛和耳朵等感觉器官让大脑掌握和理解事物，并在怎样的条件下会对事物产生错误理解。

● **发展心理学**

　　我们研究从婴儿到儿童，从少年到成人，最后到老人的心理发展过程。发展心理学分为婴幼儿心理学、儿童心理学、青年心理学等类型。比如，人类觉得婴儿可爱是有原因的，这种心理可以用于育儿或教育。

● **生理心理学**

　　行动的心理性功能与生理性功能之间的对应关系也在研究范围内，如研究因车祸造成脑损伤后人的行动会发生怎样的变化，以及巴甫洛夫的条件反射理论等神经科学领域。

此外还有变态心理学、学习心理学、语言心理学等。

应用心理学

运用从基础心理学中学到的法则来解决实际生活中的问题,可用范围很广。

●**性格心理学**

性格心理学是研究人类性格的心理学。与性格的形成过程和性格的发展相关的各种心理都被用于实践中。它研究涉及性格形成的原因、代表性的性格分类及人类产生防御性的理由等。

看,我不会给你的。

性格恶劣!

薯片

●**经济心理学**

经济心理学是研究人类在经济活动中的不合理行为和心理的心理学。如研究为什么980日元会让人觉得便宜,商品数量及种类与购买欲之间的关系是怎样的,中等、上等、特级寿司中为什么"上等"最为畅销等问题。

2%折扣
980日元
要这个!

●**运动心理学**

运动心理学是用科学的方法来解决与运动相关的各种问题并研究其心理倾向的心理学,研究运动的学习效果、合作或竞争所得到的效果等,对能有效发挥运动能力的准备活动和颜色、形状等进行实验和调查。

●色彩心理学

人在看到特定颜色后，有时会对行为产生抑制或促进的反应。颜色会让人觉得沉重或轻松，甚至模糊时间概念、麻痹位置关系。另外，对颜色的喜好能反映特定的性格倾向，所以色彩心理学也会研究颜色喜好与性格之间的关系，也广泛运用于商业领域。

●犯罪心理学

犯罪心理学是为犯罪搜查提供知识和数据，便于尽快解决或防止犯罪的心理学。它不仅能用于抓捕犯人，也能帮助犯人重新做人。

咨询开始了。

●临床心理学

临床心理学是对具有精神问题的人进行诊断和治疗，解决心理烦恼，让其更好地适应环境的应用心理学，通过心理疗法或咨询来进行援助或预防。

此外还有产业心理学、灾害心理学、交通心理学、教育心理学等。

目录

第1章 社会心理学
个体与团体的相互作用

晕轮效应 / 2
美人效应 / 4
同步行为 / 6
林格尔曼效应 / 8
霍桑效应 / 10
聚光灯效应 / 12
制服效应 / 13
从众效应 / 14
劣势者效应 / 16
亲近需求 / 17
去个性化 / 18
米尔格伦实验 / 20
电梯里的视线现象 / 22
飞镖效应 / 23
皮格马利翁效应 / 24
午餐技巧 / 26

奖励的破坏效应 / 28
奖励的增强效应 / 29
社会性报酬 / 30
阿伦森的不贞法则 / 31
温莎效应 / 32
增减效应 / 33
自我表达 / 34
自我呈现 / 36
自我泄露感 / 38
心理控制 / 39
责任效应 / 40
路西法效应 / 42
近因效应 / 44
斯汀泽现象 / 45
错误共识效应 / 46

第2章 性格心理学
我的性格？他的性格？

显意识 / 48
潜意识 / 49

性格 / 50
人格与性情 / 52

个性 / 54
乔哈里视窗 / 55
投影法 / 56
克瑞奇米尔的气质体型说 / 58
自尊感情 / 60
防御机制 / 62
安慰剂效应 / 66
卡里古拉效应 / 67

巴纳姆效应 / 68
蔡格尼克记忆效应 / 70
自我成就预言 / 71
刻板印象 / 72
自我障碍 / 73
蜜月效应 / 74
标签效应 / 75
宣言效应 / 76

第3章 认知心理学
五感与心理之间的密切关系

梅拉宾法则 / 78
暗适应 / 80
明适应 / 81
大小的恒定性 / 82
色彩的恒定性 / 83
黄金比例 / 84
白银比例 / 85
阈下效应 / 86
沙篷蒂尔错觉 / 87
库里肖夫效应 / 88
启动效应 / 89
布拉哥南斯定律 / 90

曝光效应 / 91
脉络效应 / 92
波巴奇奇效应 / 94
娃娃脸效应 / 95
斯特鲁普效应 / 96
麦格克效应 / 97
鸡尾酒会效应 / 98
峰终定律 / 100
睡眠者效应 / 102
注意的焦点化效应 / 103
错觉 / 104

目录

第4章 恋爱心理学
左右恋爱感情的究竟是什么

吊桥效应／112

扎荣茨效应／114

邻近效应／116

熟悉性定律／118

罗密欧与朱丽叶效应／120

滑雪场效应／122

SVR理论／124

柯立芝效应／125

黑暗效应／126

择偶资本力效应／127

小恶魔效应／128

意外性效应／129

镜像效应／130

远距离恋爱定律／132

自我肯定需求／133

接触效应／134

第5章 经济心理学
从心理学角度来看经济是很有趣的

损失回避倾向／136

持有效应／138

零头效应／140

当前偏性／142

维持现状偏差／143

纸币效应／144

替代报酬／146

锚定效应／148

框架效应／150

松竹梅效应／152

对比效应／154

幻想性错觉／155

默认效应／156

簇射效应／158

使用可能性／159

协和效应／160

代表性／162

确定性效应／164

赌场盈利效应／165

片面提示、双面提示／166

数量效应／167

部分强化／168

第6章 其他心理效应
从色彩心理学到发展心理学

龙宫效应 / 170
前进色效应、后退色效应 / 172
颜色的重量效应 / 173
颜色的安眠效应 / 174
普金耶现象 / 175
幼儿图式 / 176
精神热身 / 177
破窗效应 / 178
灰姑娘情结 / 179

彼得·潘综合征 / 180
罗生门效应 / 181
孟乔森综合征 / 182
斯德哥尔摩综合征 / 183
耗损综合征 / 184
神之眼效应 / 185
孤立的痛苦 / 186

第7章 心理学的研究者
谁创造了心理学

柏拉图 / 188
亚里士多德 / 189
勒内·笛卡尔、约翰·洛克 / 190
威廉·冯特 / 191
威廉·詹姆斯 / 192
伊万·巴甫洛夫 / 193

约翰·华生 / 194
西格蒙德·弗洛伊德 / 195
卡尔·荣格 / 196
阿尔弗雷德·阿德勒 / 197
马克斯·韦特海默 / 198

后来的熊猫老师和戈本 / 199
后记 / 202

第 1 章

社会心理学

个体与团体的相互作用

社会心理学是研究处于社会环境中的团体与个人的行为及感情的科学。人在作为个体时与处于团体中时的心理活动是不同的。本章将介绍个人身处团体中或与他人相处时会产生怎样的心理效应。

晕轮效应

看这里！

大 心理效应

中 个人差异

写字好看的人会让人觉得具有内涵，说英语流利的人会让人觉得头脑聪明。实际上，字迹是否好看与人的内涵并没有直接关系，说英语是否流利也与头脑是否聪明无关。但我们往往并不会冷静分析对方的内涵，而习惯于从特征或表象来对其做出评价。这就是晕轮效应。

说英语流利，滔滔不绝

说英语流利，滔滔不绝　聪明的印象

"写字好看""说英语流利"都可作为人的晕轮，让人看起来更为优秀。这与通过学历来判定工作能力的观念一样。

实验

美国心理学家桑代克做了一个实验，让军队队长对所属士兵的"智力""运动能力"等做出评价。通过实验，他发现了一种较强的相互关系，即在某些特定方面优秀的士兵大多能得到全面的高评价，而在特定方面较差的士兵则往往得到的整体评价较低。这一结果表明，人的评价不一定按照某种明确的尺度或标准，特定方面突出的"优"或"差"更容易影响评价。

熊猫老师所使用的技巧性心理术

使用晕轮效应也是有技巧的。在"促销""交涉""事物评价"时，突出"××也使用"或"××也说好"，往往会事半功倍。利用名人、著名机构等会让人们感受到权威性，也就是利用了人们对名人或著名机构的信赖，将其转换为晕轮效应。

顺带一提，熊猫老师本身其实是肉食性的杂食动物，但人们对熊猫的印象还是"吃竹子的温和草食动物"，对吧？它才是更符合受欢迎的设定。吃竹子，这就是熊猫的小技巧。这种晕轮效应对人类特别有效！

关联效应
→自我展示　→初始效应　→美人效应

美人效应

美人熊猫啊！应该是在田园调布区*出生的吧！

中 心理效应

大 个人差异

大 男性效应

*注：田园调布区，东京郊外的高档住宅区。

> 俗话说的"美人优势"，即男性看到外表具有魅力的女性，往往会认为其"出身良好"或"头脑聪明"。这也被称作美人效应。男性对女性的综合评价很大程度上取决于外表，这也是晕轮效应的一种。当然，男性给女性好评的同时往往伴随着追求。

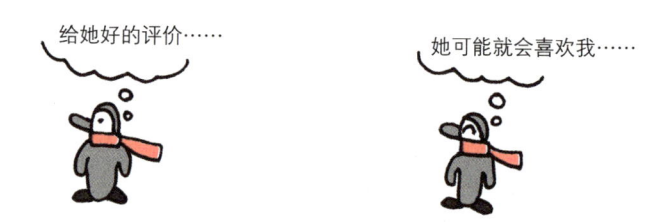

给她好的评价……

她可能就会喜欢我……

但并不是所有美人都能得到好评，过分美丽反而容易给人负面印象，有害无益。这是由于对方认为她是自己得不到的人，于是产生防卫性思维，认定她性格不佳。

实验

美国心理学家辛格以女子大学的教授为对象进行实验，探究外貌与评价之间的关系。他将一年级的女大学生照片给40位教授看，让他们对其外表魅力排名。结果表明，外貌排名越高的学生，教授所给的学业成绩平均分越高。显然，对于有魅力的学生，教授在成绩打分上要宽松一些。

另外，通过该实验还发现，排名较高的学生大多清楚自己的魅力，待人处事也更为圆滑。

外表更有魅力，成绩应该也更不错吧……

熊猫老师所使用的技巧性心理术

初次见面时，女性应当注意外表。
← 化妆
洋装
表情

第二次见面时，则要表现内在。

女性注意展现自身魅力往往能提高别人对自己的评价，因为男性经常以外表来做出评价。但俗话说得好，"美人看三天也腻了"，所以也有人认为美人效应的生命力太短。因此有效的战略是初次见面时致力于"留下更好的外在印象"，第二次见面时则表现"内在魅力"。需要注意的是，不要在一开始就内外都表现，"外表→内在"的顺序是非常重要的。

关联效应
→晕轮效应　→初始效应

同步行为

大 心理效应

中 个人差异

人类喜欢排队。人们为购买人气商品而长时间排队并不全是被商品魅力所吸引，还有可能是看到大排长龙后认为"既然这么多人喜欢，那一定是好东西"。做和别人一样的事时会产生安心感，而做与众不同的事时则会怀疑自己吃亏，产生不安感。这种心理就是所谓的同步行为。

排队一定是因为有热度，不排不行啊。

关东

排队什么的也太傻了吧。

关西

日本人尤其喜欢模仿多数人的行为。从地区特性来看，关东人比关西人更容易受到排队的吸引。

实验

美国心理学家米尔格伦在纽约的大街上进行过一个人群同步行为的实验。实验的要求是让一个人仰望街对面大厦的6楼，以此观察这条街上的其他人会有怎样的反应。

随着抬头的人从1个、2个、3个增加至5个以上，行人中约八成都会看向同一个地方。实验结果表明，随着人数的增加，人群越会出现同步行为。

熊猫老师所使用的技巧性心理术

会议中……

同盟达5人时将变强

关于熊猫的时薪……

如果你希望得到别人的认同，那么可以模仿上述米尔格伦的实验，只要有5人左右赞成你的意见，就会事半功倍。假如总人数为50人，只要其中有5个人采取同步行为就很难被反对。在会议上，同步行为者最低为5人时，自己的方案就会让大多数人赞同。在销售物品的时候，如果有5人以上购买，就会让人们产生购买欲望。

关联效应

→从众效应　→劣势者效应
→去个性化　→镜像效应　→损失回避倾向

林格尔曼效应

我们在车站或路上遇到有困难的人时，虽然可能会觉得对方很辛苦，但大多数情况下并不会出手相助。因为周围还有其他人，我们往往认为，总会有别人出手相助。这就是所谓的林格尔曼效应，又叫"社会惰性"。

人群聚集的地方经常出现不帮助受困者的现象。比如在公寓里听到有人惨叫时，人们往往认为别人会报警，由此导致报警延误。这也是林格尔曼效应的巨大影响之一。

实验

农学家林格尔曼从拔河等团体活动中发现了人数越多，每个人所花费力气越小的现象。这是由于处于人群中时，人们会产生即使自己偷懒也无所谓的心理。

美国心理学家拉达内和达利通过实验发现，当进行会议讨论时有人出现身体不适，在场人数越多，越不会积极要求主办方进行救治。如果参加者只有2人，那么几乎100%会要求主办方进行救治；但人数达到6人后，则只有30%的人会要求主办方进行救治。

熊猫老师所使用的技巧性心理术

多数人认为"反正会有别人""太丢脸"，所以不会积极地帮助别人。由于这种心理效应太强，在人多的场所（或者在自己认为人多的场所），他们会犹豫不定。但当你了解了这一机制，或者说了解了束缚自己的这种心理，你就很容易踏出帮助他人的第一步。既然大家都怀着同样的心理，那么当有人开始行动之后，他们也会选择帮助，所以只要做踏出那一步的第一个人就好。

关联效应
→同步行为

霍桑效应

大 心理效应

中 个人差异

> 为了提高公司员工的工作效率，企业一般倾向于利用薪水与规则。但其实最有效的是"被人关注"的感觉，也就是人受到关注时会自发努力。这被称作霍桑效应。

霍桑效应

关注 → 🐼 效率↑ 提升

皮格马利翁效应

期待 → 🐼 成绩↑ 提升

　　霍桑效应是指当人被关注时会提高效率的心理效应。类似效应还有当人受到期待时会提高成绩的皮格马利翁效应。

实验

位于美国芝加哥郊外的霍桑工厂曾进行过一项实验，调查照明与劳动者生产积极性之间的关系。结果表明，照明越亮，生产积极性越高，并且即使将照明调回到以前，生产积极性依旧会保持在高水准。

进一步实验和调查发现，这其实与照明的亮度无直接关系，生产积极性来自"现在有人在看着我"这种感觉。不过由于该实验的样本数量太少，也有人对结果持否定态度。

> 熊猫老师所使用的技巧性心理术

在家难以集中精力工作或学习的人，去图书馆感受到别人的目光就有可能提高效率。因为当你忍不住站起来或者停止学习的时候，可能会被周围的人认为是"精力不集中的家伙"，于是你会很不可思议地产生"希望自己在别人眼中的形象更好"的心理，从而产生干劲。

关联效应

→皮格马利翁效应　→聚光灯效应
→宣言效应

聚光灯效应

中 心理效应

大 个人差异

> 身处公共汽车或电车上时，你是否总是觉得有人在看着自己？是否因为在意别人的目光，所以你总是不停地在镜子前调整发型？事实上，人并不会过于关注其他人，即使有少许感到好奇之处也不会一探究竟。但我们总感觉别人对自己的关注，比别人实际给予的关注要多得多，这就是所谓的聚光灯效应。

啊，失败了！

有没有被人看到呢？

聚光灯效应名称的由来，就是人们往往感觉自己身处舞台的聚光灯之下，"被他人注目"。其实，当你出现少许失误的时候，觉得别人注意到自己只是一种心理效应。

关联效应
→霍桑效应　→自我泄露感

制服效应

看起来很靠谱。

心理效应 中

个人差异 中

> 我们很容易对穿着制服的人产生刻板印象。如：银行职员穿着蓝色西装时看起来格外诚实且令人安心，消防员或警察身着制服则会给人正义且勇猛果敢的印象。这种将制服印象与本人性格倾向相结合的思维被称作制服效应。

红色 → 热情的、活跃的
蓝色 → 安心、诚实感

白色 → 开朗的、真实的
绿色 → 安全、协调

这种效应在视觉效应中属于受颜色影响较强的一种。蓝色或深蓝色给人诚实和可信赖感，红色和橙色给人正义感、活跃感和热情感，白色则容易给人留下开朗及真实等印象。

关联效应
→晕轮效应　→责任效应　→刻板印象

从众效应

中 心理效应

中 个人差异

在选举期间,当通过报纸或电视看到某个特定候选人目前处于有利局面的报道时,我们往往会产生给这个人投票的冲动。这是出于认为多数派是正确的思维,或者出于损失回避思维,为了不浪费自己的一票,或者满足于一旦获选者是自己所投票的人时所带来的精神满足感。这种心理就符合从众效应。

人气动物选举

熊猫候选　猫候选

这次选举怎么看都是熊猫获得压倒性胜利,那我也投熊猫好了。

所谓"从众",原词为"Bandwagon",是指走在游行前列的乐队车。跟随牵头的乐队车也就意味着跟随大众潮流,将团体意见放在个人想法之前。

实验

从众效应是美国经济学家哈维·莱宾斯坦在自己的著作中所提出的概念。从众效应广泛用于市场营销和促销中,也被灵活用于各种我们所不熟悉的领域。

比如有些打着"话题性商品""好评热映"等宣传口号的商品或电影其实并不是真的大受欢迎,而是从一开始就已经准备好了这种广告,目的是刺激从众效应或同步行为,以此制造话题。

电影上映之前就准备好了。

既然大受好评……那我去看看吧。

《黑白激情》大受好评热映中

熊猫老师所使用的技巧性心理术

动物园的拉面最好吃!

哦。

(奸笑)

?好难吃。

如今想让新商品获得成功,在网上散布小道消息,利用从众效应来获得热度的做法已经十分常见。有调查结果显示,新商品信息有七成经由网络搜集。我们也应该进入不再过度依赖网络,以怀疑的目光审视网上广告和宣传的时代。希望各位仅将网络信息作为参考,不被虚假信息蒙骗。

关联效应

→劣势者效应　→同步行为　→损失回避倾向

劣势者效应

胜者为王,下周再战!

嘟嘟嘟……

嘟嘟嘟……

站起来,加油啊!

中 心理效应

中 个人差异

如果说从众效应是"跟随头马"的心理效应,那么劣势者效应则是与此相对的效应。比如当我们观看曾在高中棒球赛中获得优胜的著名高中与名声较低的普通高中的比赛时,很容易会产生为弱势高中加油的心态。这种心理被称作劣势者效应,又叫败犬效应。

从众效应是与自身利益相关的东西

哪边比较有利?

选举
· A候选人
· B候选人

劣势者效应是与自身利益无关的东西

输了好可怜!

高中棒球比赛
· A高中
· B高中

同情弱者是很多人都有的心态。面对与自身利益相关的事物时,很容易产生从众效应;但面对与自身利益无关的事物时,劣势者效应则更容易出现。

关联效应

→从众效应　→同步行为

亲近需求

| 大 心理效应 |
| 大 个人差异 |
| 大 女性效应 |

你是否曾希望有人在你身边？或者当某个人在身边的时候是否会觉得安心？这种希望与别人相处的心情也被称作亲近需求。女性的这一需求通常比男性更高，当其感到不安的时候，该需求会更为强烈。我们在购买高价物品时希望有人同行也可归于这一需求。

我是长子，所以很容易感到寂寞。

希望有人陪伴的需求大小。

男性　　女性

亲近需求是个人差异较大的心理效应之一。积极与人相处的人、积极与他人目光接触的人都是亲近需求较强的人。一般而言，独生子女或长子、长女的亲近需求较高。

关联效应
→同步行为

去个性化

平常害羞且安静的人去看演唱会时会应和歌手忘我地尖叫，平常温和内向的人在观看运动比赛时会突然狂热地声援某个队伍，你是否经常遇到这样的情况？当人处于团体中时，往往感觉自己隐藏于人群中，从而个人意识变得淡薄，做出一些平常不会做的事情。这就是所谓的去个性化。

当身处陌生人群体中时　　　　　往往会不再压抑自己

"在这里我可以做任何自己想做的事，也不会引人注意"——在这种意识的驱动下，我们很容易做出出格的行为。在隐秘性较高的场所或兴奋状态下，会促进去个性化，如果身处社会性的团体中则很难出现反社会性的行为。

实验

斯坦福大学的心理学家津巴多教授曾做过一个研究人与他人共感能力的实验。他将参加者每4人分为一组，并让其穿上认不出彼此的袋装实验衣，实现去个性化；接着对参加者播放一卷会使其对某个人产生负面印象的录音带，并告知此人就在隔壁房间；而后下达指示，让参加者按下会对此人施放电击的按钮。结果显示，在去个性化状态下，按下按钮的时间更长。显然，去个性化会让人更为冷酷。

但是人的体形会各有不同吧。

熊猫老师所使用的技巧性心理术

在网络上会更具攻击性。

尽量不看奇怪的网站或论坛。

去个性化往往伴随着对他人更具攻击性的倾向。在网络论坛肆意批判别人就出于这种心理。匿名攻击别人并以此作为发泄途径的行为只会增加你的负面情绪，最终只能让自己更加不快，所以即使处于匿名状态也请尽量平和地去交流，最好不看奇怪的网站或论坛，因为负面情绪的发散对自己有害无益。

关联效应

→米尔格伦实验（服从效应）　→同步行为　→路西法效应

米尔格伦实验

人在处于战争状态时是否会攻击陌生的对象呢？是否会听从长官的命令伤害对方呢？人在封闭环境中大多会产生服从"权威者"的心理效应，其根据就是"米尔格伦实验"。该效应极其强大，很难有人不受其影响。

↑封闭空间

身边常见的例子是，我们通常会认为在医院应该对医生言听计从，或者在路上应该严格遵守交警的指示。

实验

美国心理学家米尔格伦将实验参加者分为"教师角色"和"学生角色",各自送入不同的房间进行记忆实验,每当学生出错时,教师就依次按下电击按钮作为惩罚。

当电击变强时,学生可以采取敲击墙壁等行动来表示反应(实际并没有真正受到电击)。多数教师在接收到该反应后都会要求停止实验,但主办方会强势地命令他们继续下去。最终,40位教师角色的参加者中有26人(65%)坚持到了实验最后。

> 按吧。
> 是。
> 电击

熊猫老师所使用的技巧性心理术

在近距离容易听从不合理的指示。

稍微拉开距离后更容易产生拒绝的勇气。

米尔格伦的实验还有后续。当主办方在扮演教师的人身边下达命令时,65%的人会顺从,但当主办方离开房间下达命令时,则只有22%的人坚持将实验做完。换言之,当你从上司或前辈那里接到不合理的指示时,你可以尽可能地拉开距离,便于拒绝该指示。这也是利用该效应的小智慧。

关联效应

→去个性化　→同步效应　→路西法效应
→飞镖效应

电梯里的视线现象

与公司同事同乘电梯时，你是否遭遇过无话可说的窘境（尤其是与异性）？这与私人空间的密切接触有关。身处电梯的狭小空间中，很容易打破自己与对方平常所保持的最佳距离，进入属于更亲密关系的距离范围。但实际上两人之间的关系又没有达到这种亲密程度，所以往往会尴尬地陷入沉默，同时下意识地抬头仰望。这被称作电梯里的视线现象。

保持一定距离时能正常聊天……

进入拥挤的电梯后被迫亲近，反而无话可说。

这一点可以用在你想要亲近的人身上。乘坐拥挤的电梯时，你可以尝试向他搭话。虽然这一现象有个体差异，通常我们会在与对方关系更为亲密后再采取行动，但先发制人，通过主动搭话来拉近关系也是一种不错的方法。

关联效应
→私人空间

飞镖效应

> 人们被父母要求"学习"或被上司命令"努力"时，往往会催生逆反心理，以致丧失干劲，这就是所谓的飞镖效应[1]。当人们对他人进行教育或指示时，接受方会对做出该行为的人产生反向的负面情绪。

被掌权者强势命令的话……　　　会产生逆反心理。

　　人们大多喜欢自主选择自己的思想或行为（当然也有相反的情况），如果被持不同立场的人施加压力，强行进行教育或指示的话，往往会产生逆反心理，希望自主行动的心情会更为强烈。对于权力的逆反之心会对信赖关系等产生巨大影响，当人觉得对自身会有危险或不利时，容易出现米尔格伦实验验证的服从效应，但当感觉不到危险或不利时，则容易出现飞镖效应。

关联效应
→米尔格伦实验（服从效应）

---

[1] 飞镖，是指一种抛出去又会折回的武器。在社会心理学上，人们把飞镖折回现象用来形象地表示行为反应的结果与预期目标完全相反的现象，并称其为飞镖效应，又称回旋镖效应。它是由苏联心理学家纳季控什维制首先提出的。

皮格马利翁效应

培养人才绝非易事。上司斥责下属可能会让下属陷入消沉，甚至直接辞职；而对其过于期待并大加赞赏的话，又可能让其得意忘形。如果从心理学来比较这两种不同的培育方式，普遍认为鼓励性培育（期待性培育）的方法更为有效。这也被称作皮格马利翁效应，是对人给予期待、鼓励其回报期待的心理效应。

这一效应源于传说，皮格马利翁王爱上了某个女性雕像……

神被他感动，施法将雕像变成了人

皮格马利翁是希腊神话中所描写的皮格马利翁王。传说中，他爱上了自己所雕刻的女性雕像，希望她能化身为人，而神实现了他的愿望，让雕像变成了美人。此效应根据研究者的名字也被称为罗森塔尔效应。

随便选择一批学生，使其认为自己很优秀，于是……

他们就会成为真正优秀的学生。

实验

心理学家罗森塔尔与雅克布森对小学生进行了智商测试，并告知负责的教师对他们进行未来学习能力发展性的预测实验。他们将挑选的并没有什么学习能力的平庸学生以"未来发展有望的学生"介绍给教师。

1年之后，这些原本很平庸的学生的成绩显著提高。得到这一结果的原因是教师相信他们"未来可期"，对其多加赞赏，孩子们则努力回应教师的期待。

熊猫老师所使用的技巧性心理术

斥责只能让人暂时努力，难以持久。

喂！

称赞的即时效应虽然较弱，但持续时间长。

做得好！
我会努力的！

也有人并不习惯鼓励性教育，因为不少人要在斥责下才能立刻行动起来。但斥责下的行动很难长期持续，而称赞的即时效应虽然不大，却很容易成为长期努力的动机。最好的做法是灵活运用"称赞"与"斥责"。此外，通过接触获取对方信赖有利于构筑良好的关系，对于拓展人际关系也有诸多好处。

关联效应
→霍桑效应　→自我成就预言

午餐技巧

就那么办吧。
好吃
行吧。
咀嚼、咀嚼

中
心理效应

大
个人差异

> 商业场景中经常见到一边吃饭一边商谈的情形。用餐时提出意见很容易得到认可，委托也更容易被接受。这在心理学上被称作午餐技巧。接待关键客户时可利用吃饭来获得对方的共鸣，政治家通常还会使用包间等密室来加强该效果。

咀嚼、咀嚼

吃东西时会进入快乐且放松的状态

似乎产生了同伴意识……

于是，很容易对处于同一状态的人产生亲近感

吃美味的食物会让人快乐，在平和的氛围中吃饭会让人放松。而快乐或放松状态下很容易对他人的话产生共鸣，也更容易接受对方的要求。

意见交换的途中

去吃饭的话……

很容易获得同意　赞成

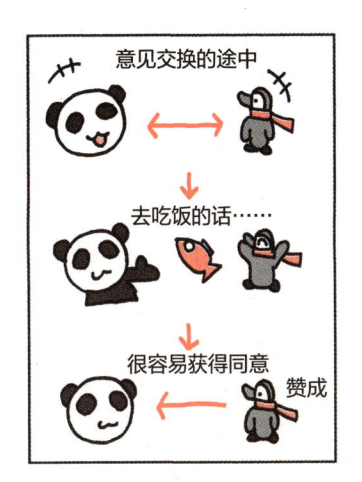

实验

美国心理学家拉兹兰做了一个实验，让参加者一边吃饭一边听自己的意见，饭后再询问他们对自己意见的看法。他发现对意见的认可度要高于饭前，也就是饭前饭后的看法有差异。在其他实验中他也发现，同样的意见在吃饭与不吃饭的团体中发表，所得到的同意率有明显差别。

熊猫老师所使用的技巧性心理术

不仅限于吃饭，

快乐

还能更有效地产生共鸣。

共鸣

快乐

这一技巧不仅可用于商业领域，还能用于恋爱。与喜欢的人一起吃饭利于培养好感。但需要注意的是，并不是一起吃饭就行，重点是"美味"的感觉。如果能对"好吃"产生共鸣，效果会更好，并且可能让对方对你产生同道感。今后，这次吃饭也会成为回忆，每当两人回忆起当时愉快的感觉，都能让产生共鸣的对象提升对自己的好感度。

关联效应
→镜像效应

奖励的破坏效应

努力的话就给你零花钱。

我又不是为了这个。

中 心理效应

大 个人差异

> 当你体会到工作或学习的快乐，正努力上进时，如果突然有人对你说"再努力一点就给你报酬"，你是否反而觉得被泼了一瓢冷水呢？这种由于已有内在动机被强加报酬等外在动机破坏而导致积极性降低的现象，也被称作奖励的破坏效应。

没干劲了。

今天没零花钱吗……总觉得有点怪。

处于无奖励的努力状态时，如果被刻意提出给予奖励，不仅会降低积极性，还会陷入无奖励就不肯努力的境地。

关联效应
→皮格马利翁效应　→奖励的增强效应
→飞镖效应

奖励的增强效应

你可以成为动物园最受欢迎的明星！

中 心理效应

大 个人差异

与奖励的破坏效应相反，当人没有内在动机时，给予赞赏或奖励等目的性奖励反而会提升积极性，这被称作奖励的增强效应。这能鼓励员工努力获得加薪或升职，激励运动选手取得优胜名次。

想被人赞美成果，想被夸奖。

男性

想被人认可努力，想被承认存在价值。

女性

　　奖励的增强效应不仅限于金钱等物质上的奖励，赞美等语言上的精神奖励也极为有效。尤其是在他人面前夸奖男性所取得的成果、夸奖女性努力的过程等，效果尤为显著。

关联效应
→皮格马利翁效应　→奖励的破坏效应

社会性报酬

点名就很难拒绝了啊……

好的。

戈本，交给你了！

大 心理效应

中 个人差异

如果有人在委托之前先叫出你的名字，例如"××先生/小姐，这件事就拜托你了"，那么我们往往很难拒绝。点名这种行为被认为是一种社会性报酬，其功能是让人认为"自己的存在得到了认可"。另外，通过点名能给人一种"只有我能做到"的错觉。社会性报酬还包括受尊敬、提高知名度等。

戈本去买吧。

点名要求会有90%的学生去购买

去买吧。

不点名要求则只有50%的学生去购买

美国某大学进行了一项实验，老师要求学生去购买饼干时，如果点名的话则有90%的学生会去购买，反之则仅有50%。我们在日常生活中也可以利用"××先生/小姐辛苦了"之类的话来缩短与对方的距离。

关联效应
→认可需求

阿伦森的不贞法则

黑白色好像警察一样帅。

谢谢!

像警察一样帅。

听你这么说实在太高兴了。

中 心理效应

中 个人差异

被人夸奖时我们都会感到高兴，但被多年老友夸奖往往并没有特别开心，被交情不深的人夸奖却会特别激动。交情浅的人口中的夸奖更容易打动我们，这种情况被命名为阿伦森的不贞法则[1]。

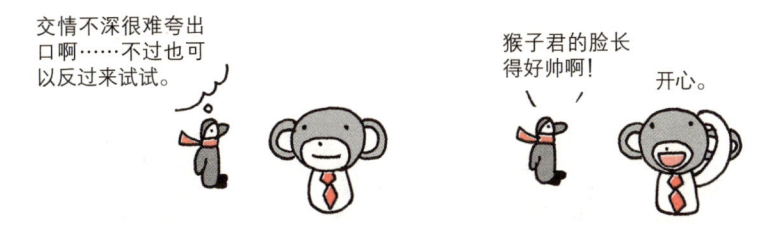

交情不深很难夸出口啊……不过也可以反过来试试。

猴子君的脸长得好帅啊!

开心。

在商业领域等彼此交情较浅的场合，我们往往会有诸多顾虑，很难坦率地夸奖对方，但在了解这一法则后可以试着大胆地称赞。此外，长年停留在朋友关系层面而无法进展成恋爱关系的异性，大多也适用于这一法则。

---

[1] 该法则由美国心理学家阿伦森提出。这种心理效应又称为"人际吸引的增减原则或得失原则"，阿伦森曾幽默地称之为"不贞法则"，意指从陌生人处所获得的赞许往往比配偶的赞许更有吸引力。

温莎效应

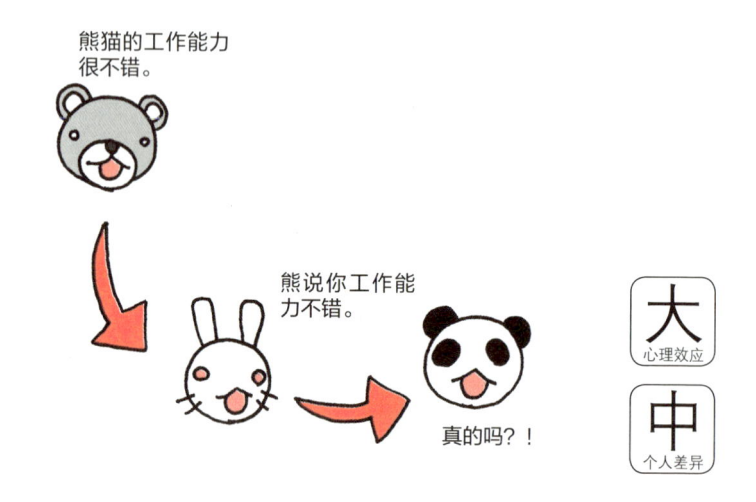

被人夸奖时，被谁夸奖和如何夸奖都会使开心的程度有所不同。比起被直接夸奖，从第三者口中间接得知有人夸奖自己会更为开心。这就是所谓的温莎效应。它的名称来源于推理小说中出场的温莎伯爵夫人所说的台词："第三者的赞扬在任何时候都是最有效的。"

直接被夸奖可能会让人觉得太过刻意　　第三者介入的夸奖会让人觉得真实

"××先生/小姐称赞过你。"这种间接传达比直接夸奖更令人觉得可信，并且由于夸奖的内容传播到了他人耳中，也就更让自己感到高兴。所以，在想夸奖某人时，可以有意识地利用第三者来传达。

增减效应

◎贬低 → 夸奖
夸奖 → 夸奖
×贬低 → 贬低
×夸奖 → 贬低

好感度最高的是哪个?

好感度的高度

中 心理效应

中 个人差异

我们在交谈中既会"夸奖"对方,也会"贬低"对方,同时使用这两者时需要多加注意。美国心理学家阿伦森与琳达通过"夸奖"实验发现了这样的效果,即批判者一开始"贬低"对方,再"夸奖"对方,这比从头到尾都"夸奖"对方更能提高对方对批判者的好感度。

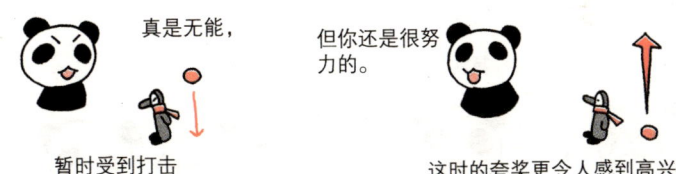

真是无能。

暂时受到打击

但你还是很努力的。

这时的夸奖更令人感到高兴

这被称作增减效应。被贬低时会感到沮丧,接下来的夸奖则让人走出心理落差,并能持续加剧喜悦之情。相对地,从"夸奖"到"贬低"会降低好感度,尽量不要这么做。

关联效应
→初始效应　→自我肯定需求

自我表达

表明自己的兴趣、家人、工作、性格、梦想等就是所谓的自我表达。也许你向关系不够亲密的人表明自己的性格或梦想时感到有些羞耻，但这种方法能有效提高与对方的亲密度。

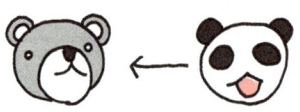

即使感到羞耻也要勇于表明自我

这样一来，对方也很容易对你敞开心扉

自我表达之后，对方也很容易产生某种程度的自我表达心理。我们会认为既然别人都向自己敞开了心扉，自己也应该给予回应。这被称作自我表达的回报性，也被称作自我呈现，还有人将其称作给予对方好印象的操作。

> 体育老师或指导老师很容易做自我表达

> 校长则很难自我表达

研究

日本的许多心理学家都针对自我表达做了各种研究，比如以中学生为对象来研究教师与学生的自我表达。

研究结果表明，班主任、指导老师、体育老师的自我表达倾向较高，而校长的自我表达倾向较低。

熊猫老师所使用的技巧性心理术

> 不用等到关系亲密之后再做自我表达，
>
> 很难开口啊……

> 还可以通过自我表达来拉近彼此距离。

有效利用"自我表达的回报性"能增加自己与他人之间的亲密度。在学校和公司难以言明的话不用等到关系亲密之后再开口，反而可以先做表白，以此增加亲密度。先敞开心扉主动坦诚试试吧，一开始可以从兴趣、出生地等聊起，再围绕这些谈起自己的失败经验或梦想等比较难以启齿的话题。

关联效应
→自我呈现　→熟知性的法则

自我呈现

动物园的
人气动物

打打滚也
受欢迎

白、黑颜色的
动物也很少

大 心理效应

大 个人差异

大 男性效应

人们总是在意别人的目光，由于在意他人而刻意改变自己的言行来给人留下好印象，有意识地隐藏缺点，创造新的优点，假装自己一直以来就有这些长处。像这样有意识地操作以给他人留下良好印象就是所谓的自我呈现。

狮子先生好像很强大啊！

来看我的人都排成了长队……

奉承

自我吹嘘也是自我展现的一种

简单的自我展现就是"自我吹嘘"。尤其是男性，往往为了让自己显得更优秀而吹嘘过去的成绩。强调自己的长处也被称作自我宣传。此外，"奉承"和"威吓"等也是自我呈现的一种。

实验

有实验调查自我呈现时将自夸与谦逊的话交杂，看能否改变受众的好感度，结果发现60%的人最喜欢包含自夸的内容。

自夸过度会令人反感，谦逊过度也会让人对你的评价降低。言谈中加入一定程度的自夸反而更容易让人产生好感。

做自我表达时，有时会演变成一味地自夸式自我呈现，这可是大忌。假如你对目标有所求的话，为了获得对方的同情应当以自损的方式进行"哀求"式自我呈现。比如努力得不到回报、一直很倒霉之类。这种话题很容易被对方反驳"哪有这种事"，所以带着微笑自损是非常有效的心理战。虽然目标对象的反应各有差异，但依然值得去尝试。

关联效应
→自我表达

自我泄露感

难道熊猫老师发现我觉得他很胖了？

中 心理效应

大 个人差异

大家有时候是否担心自己对别人的印象或看法被对方知道呢？自己被别人看透的感觉也被称作自我泄露感。害怕被别人察觉的情绪大多是对别人产生的厌恶感或其他不快感等负面情绪。

讨厌 / 好糗 / 无表情

被对方察觉会感到不安的负面感觉

也许被察觉了 → 被察觉就麻烦了……

并未泄露却仍担心被察觉会有麻烦的感觉

自我泄露感并不仅是指与难以应付的对象交谈时所产生的"麻烦意识"，还包括自认为被母亲等亲人看穿自身想法等感觉。

关联效应
→聚光灯效应

心理控制

哎呀?

大 心理效应

中 个人差异

操作外部信息给别人灌输特定的想法或思维，让其认为它们是自己的决断，最后诱导其实现预定的目标，这种技巧被称作心理控制。它常用于与宗教有关的事件，也被用作精神医学的技巧或一般性的心理操控，也有人认为它并没有什么特别的效果。

请吃竹子。

我想吃竹子。

洗脑是让对方与社会隔离……

移植思维的手法

心理控制经常被人与洗脑混淆。洗脑是将对方长时间与社会隔离，在某种痛苦的状态下移植思维或意识的方法。它与巧妙利用对话或信息操作来改变对方思维的心理控制手法其实大不相同。

关联效应

→标签效应　→自我成就预言

责任效应

成为动物园代表的熊猫

普通的熊猫

大 心理效应

中 个人差异

> 让在学校极其散漫的学生担任班级干部，他往往会立刻变得稳重负责起来，而让缺乏责任感的人就任公司管理人员，他往往会很快产生责任感。这种给予某人地位或责任，让其主动改变性格和行为来适应该地位或责任的做法也是源于心理学的效应。

不承担责任时……

什么都懒得做啊。

被给予责任之后……

既然成了代表，就得好好干了……

这被称作责任效应，而责任能够改变人的思维和行动。一开始可能只是"扮演"具有责任感的人，到后来则会在不知不觉之间"成长"为能够担负起责任的人。

将普通学生任命为班级委员

开始拼命努力

调查

田中熊次郎以小学5年级学生为对象,调查被任命为班级干部的学生在任命前后有什么变化。

结果发现原本平庸的学生在担任班级委员后开始努力变成符合班级干部身份的人,不仅拥有了领导力,还拼命学习。

熊猫老师所使用的技巧性心理术

不是在产生责任感后再委以重任,

职责

而是利用给予责任来培养责任感。

职责

责任效应是心理效应中效果较强的一种。公司领导如果想培养具有责任感的员工,并不需要等员工产生责任感之后再委以重任,可以通过先给予责任来培养他的责任感。熊猫老师本身是很讨厌卖萌打滚的,但为了完成熊猫的职责,也会勉强卖萌。

关联效应
→路西法效应

路西法效应

即使性格温和的人，在处于团体中时也可能采取邪恶的行动，这被称作路西法效应。该名称源于从天使堕落成恶魔的路西法。团体中的霸凌或封闭环境下的虐待等都存在于特定环境下，任何人都有变成坏人的危险性。

身处团体中，责任感会变少

很容易具有攻击性

人身处团体中时，一旦认为对方是邪恶的存在，那么责任感会变少，往往会出现残酷的行为。同时由于强烈的恐怖感和压力，决策和责任心都有可能丧失。另外，曾遭受过痛苦的人变成痛苦的施加者时，并不会因为理解痛苦而饶过对手，反而会促使路西法效应产生。

实验

斯坦福大学的心理学家津巴多教授曾做过一个实验，他模拟建造了一座监狱，并公开募集实验参加者来分别扮演看守者和受刑者的角色，以此调查职责会在多大程度上影响人的行为。

实验结果表明，看守者会逐渐变得更具攻击性，而受刑者则会表现得更具服从性。随后行为开始升级，看守者甚至出现了惩罚受刑者等难以控制的行为。因此，实验仅进行了6天即停止。

熊猫老师所使用的技巧性心理术

在不知道这种效应存在的情况下，人很容易扮演坏人的角色，因此当团体中有人提议"欺负某人"时，希望各位能想起这种效应。一旦团体的恶意升级，最终往往会演变成真正的罪恶，所以一定要有人出声表示"请停止这种行为"。用理智来抵制错误行动是非常重要的。

关联效应

→责任效应　→去个性化

近因效应

总之，根据最后的阐述来看，判定有罪。

哎！

心理效应　中

个人差异　中

与第一眼看到的东西会给人留下长期印象的初始效应相反，另一种心理效应是最后接收到的印象会给人强烈的影响，这被称作近因效应。美国通过模拟法庭实验来调查证词的时机与陪审员所受影响之间的关系，发现在给予大量信息的情况下，陪审员往往会受到最后一个信息的影响。

视觉

视觉信息容易带来初始效应　　大量的语言信息容易带来近因效应

我们已经知道视觉信息能极大地影响人的初始印象，所以第一眼最重要的是最初的冲击性。但如果是大量的语言信息，那么重要的则是如何在最后巧妙地推出你想要传达的东西。因为在谈话过程中讲述重点往往会被人遗忘。

关联效应
→初始效应　→锚定效应　→峰终定律

斯汀泽现象

与自己意见相左的人，大多坐在自己对面。

心理效应 中
个人差异 中
男性效应 大

> 美国心理学家斯汀泽对会议发言者的心理及其所坐位置进行了研究并搜集了相关数据，得出了3个规律。① 人们大多坐在与自己意见相左的人对面。② 对于某个意见的反驳都出现在该意见刚发表之后。③ 当会议负责人领导力较弱时，他对面座位上的人窃窃私语较多；当会议负责人领导力较强时，他邻座的人窃窃私语较多。

如果觉得有人会对你提出反对意见……  那么坐在他旁边的战术比较有效

这就是斯汀泽现象，也被称作斯汀泽三原则。如果有人在还有空位时直接坐在你正对面，那么你需要注意此人。如果你觉得有人会对你提出反对意见，那么事先坐在他身边会使其比较难以提出反对意见。

关联效应
→私人空间

错误共识效应

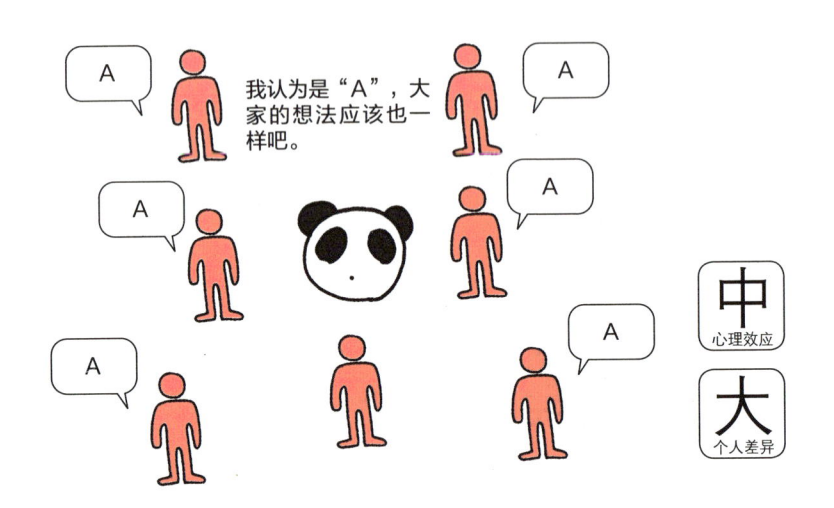

人们所持的意见各种各样，同时也总以为别人的想法和自己一样。例如，当自己觉得某商品便宜时，就会以为所有人都认为该商品廉价，担心很快会被抢购一空；或者当自己看某部电影而深受感动时，会认为别人也会产生一样的感触。

深受这一效应影响的人

应当多注意交流

这种认为自己的想法和大众一样，自己的意见属于多数派的心理也被称作错误共识效应。深受此效应影响的人往往会觉得别人的意见与自己不同是件不可思议的事，这种心理妨碍了与他人的交流，因此对此要多加注意。

关联效应

→同步行为

第 2 章
性格心理学

我的性格？他的性格？

自己

接着介绍与自身性格相关的心理效应

在第1章，我们已经了解了人际关系心理。本章将介绍与每个人自身相关的心理效应，针对性格形成的要因、代表性的性格分类以及性格究竟是什么等各种相关效应做详细介绍。

显意识

将意识比作浮在海面上的冰山

大 心理效应

"下一个拐角往右""A和B，选A吧"。我们心中总是在进行各种思考并付诸行动。像这样在内心判断的明确意识被称作显意识，也被称作表层意识，在陷入烦恼或不安时会控制人的理性思维以做出选择和行动。

露出表层的部分是显意识

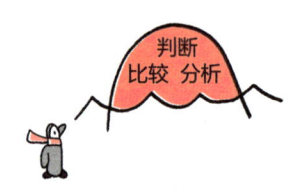

判断 比较 分析

分析通过感官所得到的信息，并付诸思考和行动

我们平常所说的"意识"就是指这种显意识。通过将视觉、听觉、触觉等感觉搜集的信息与过去的记忆进行比较、分析和评价，然后做出判断并付诸行动。

关联效应
→潜意识　→乔哈里视窗　→投影法

潜意识

潜意识就好比藏在水中看不见的部分

显意识是实际所考虑的东西，人虽然能控制行动，心中却仍存在着连自己都未察觉（没意识到）的部分，这就是潜意识。例如，当我们明明想要"下一个拐角往右"，却下意识地往左拐，或者明明决定"A和B，选A"，却不知不觉选择了B，这些都是潜意识在影响自己的行为。

意识的绝大部分其实是潜意识

直觉
下意识的想法

许多未浮出表面的东西都在意识中沉眠

在整体意识中，显意识仅占极小的一部分，剩下的大部分都是隐藏在意识深处沉眠的潜意识。潜意识中包含着过去的思维和知识，经常以直觉的方式呈现。

关联效应

→显意识　→乔哈里视窗　→自我成就预言
→潜藏效应　→镜像效应

性格

外向型性格的熊猫

内向型性格的熊猫

性格能表现人的特征，也就是能展现人的独特的思维倾向或行为倾向。它并不是指身材高矮等身体上的特点，而是指"采取怎样的思维方式"等内在特点。另外，性格具有独特性和一贯性。比如被人斥责时，有的人会发怒，有的人则会自我反省。不同的人具有不同的性格，并且在不同情况下，性格的独特性还有可能放大。

独特性

不以为然

被斥责时，人的反应也各有不同

一贯性

懒洋洋

平常就懒惰的人做任何事都懒惰

一贯性是指即使情况变化，思维和行动也不会发生改变。不收拾办公桌的人大多也不会收拾家里的桌子。它不是指一时的表现，而是指人所拥有的思维和行动模式。

研究

对性格进行分类的方法多种多样，针对性格也有各种研究，"大五"人格就是其中之一，它将其评价分类为外向或内向等5个方面。

内容和名称根据研究者不同各有差异，所以这里只做简单概括。

① 外向的⟷内向的
② 依恋性⟷分离性
③ 自然性⟷控制性
④ 情绪化⟷非情绪化
⑤ 游戏性⟷现实性

· 外向的
· 依恋性
· 自然性
· 情绪化
· 游戏性

· 内向的
· 分离性
· 控制性
· 非情绪化
· 现实性

熊猫老师所使用的技巧性心理术

人类很喜欢做分类，血型性格诊断也是如此，

但也有人会对此感到不快。

B型？ A型！（不爽）

人类总喜欢对事物进行分类，对性格分类也是如此。我们经常听到A型血的人小气、O型血的人开朗等"血型性格诊断"。血型性格诊断源于日本，也只流行于亚洲圈内的一部分地区，它的相关研究大多并没有取得血液左右性格的依据，也没有否定科学理论。另外，对于血型诊断，有的人将其视作信仰，有的人却持强烈否定的态度。所以，我认为在人类世界针对血型性格的话题，最好保持"自己不主动提及、不主动使用"的态度。

关联效应
→人格与性情

人格与性情

小动物们！只要你们肚子饿了，任何时候都欢迎到我这里吃饭！

熊猫老师的发言真有人格魅力

> 与性格相似的词还有"人格"。一般而言，人格比性格更常用于评价，也被理解为另一种意义的词。比如"有人格魅力"就用于赞美高尚的人品。人格常用在性格模式或思考倾向的基础上，具有知性、宽容等优良品质时。

性格是此人的行为、思考模式

对人做评价时，人格比性格更常用

性情是天生的性格倾向

在心理学领域，人格的英语是personality。它来源于法语的persona，词义之一是剧场用的面具。性格则是由character翻译而来。在日本，character一般是指电影或游戏中出现的角色。人格和性格虽然本来是不同的单词，但有时也会被混用，这一点希望大家注意。

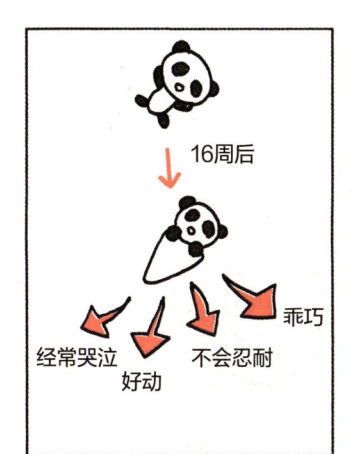

研究

除了性格、人格，类似词语还有"性情"。性情是指人生经验较少时期所表现出的性格特征，是构成性格基础的基本性质。

性情包括反应是敏感还是迟钝，情绪波动是大还是小。最近的研究发现，每个婴儿的行为模式都是不相同的。据美国研究表明，人的性情在出生后约16周内显现。

16周后
经常哭泣　好动　不会忍耐　乖巧

熊猫老师所使用的技巧性心术

性格由性情与环境影响形成。
性情 → 环境

50% 性情 + 50% 环境

性格能否改变？这个话题经常被讨论。专家对此也有不同意见，但一般认为性格形成是天生的"性情"，与后天被培育的方式及父母的思维方式等"环境"因素的影响各占一半。想改变性格的人首先应当"客观了解自己的性格倾向""尝试改变环境""接触新的思维方式"。

性格改变能带来行为改变，而行为改变也能在无意识中改变性格。行为改变会导致周围人的评价改变，而这会进一步改变行为，从而改变性格。所以想改变性格请先从行为开始，这也是个小技巧。

关联效应
→性格

个性

只是睡觉就大受欢迎

自己的风格……

帅气的企鹅

所谓个性（identity），是指自我同一性，简单而言就是指自己的与众不同之处或自我风格，也是展现一个人是怎样的人，与他人区别开来的概念或思维。这是美国精神分析家埃里克森提出的概念。

该怎么接触……

不太愿意和其他熊猫待在一起……

本来，一个人会在青年期通过思考"自己究竟是什么人""应该做什么""如何与别人接触"等来了解自己究竟是怎样一个人，但最近还未确立个性就长成大人的人开始增多了。人在青年期明确"这才是自己的性格"是非常重要的。

关联效应

→性格　→人格与性情　→彼得·潘综合征　→灰姑娘情结

乔哈里视窗

Ⓐ

	自己	
	所知道的	所不知道的
他人 所知道的	开放的部分	盲点的部分
他人 所不知道的	隐私的部分	未知的部分

Ⓑ

	自己	
他人	开放的 →	盲点
	↓ 隐私的	未知

如图B所示，如果将隐藏于别人面前的自己展示出来，让开放的部分扩大，未知部分就会变小。

　　人们自认为是自我性格的部分，其实从性格整体来看不过是极小的一部分。我们自己都不了解的（非表层意识）部分隐藏在内心深处。通过公开自我可以减少自己的未知部分，这对于和别人更为顺畅地交流十分有益，这个理论被称作乔哈里视窗。

　　乔哈里视窗就是将自身信息分为4个部分来考虑。我们审视自己时会有自我了解的部分和不了解的部分。而他人看待我们时，也有了解和不了解的部分。将这些组合起来就形成图A的4个部分。

　　通过别人指出自己所不了解的部分，或者自己主动公开隐藏的部分，都能让开放部分变大。其结果如图B，自己和他人都不了解的未知部分将逐渐变小。

关联效应
→显意识　→潜意识　→性格　→人格与性情

投影法

> 前文我们主要介绍了性格的基础构成，
> 那么你究竟是怎样的性格呢？

我们了解自身性格的测试方法多种多样，这里介绍一种简单且深入的方法。即以"我"开头造句，写出20个句子，不做任何思考地列举自己第一时间想到的东西。

了解自己的小测试

1. 我……
2. 我……
3. 我……
4. 我……
5. 我……
6. 我……
7. 我……
8. 我……
9. 我……
10. 我……
   ……
19. 我……
20. 我……

限时5分钟

这就是被称作"Who am I 测试""WAI技法""20问法"的"投影法"之一，该方法是给予参加者紧张的刺激并让他们给出第一时间所想到的答案。

那么，在限制时间内能写出多少个句子呢？最初几个问题应该不难回答，但之后应该会感觉越来越难。

我喜欢享受优雅的时间。

一般最初我们会选择回答"我是上班族""我住在××"等关于自己的出身、性别、年龄的基础内容，或者"我喜欢扫除"等与兴趣和表层性格有关的。

我喜欢熊猫人。

但当写完这些之后，就可能出现"我想出国""我想成为××"等意识化的需求或愿望。再进一步则会出现无意识的需求或被压抑的烦恼等，但这些往往不会写在答案中。

我真的……

总之，答案大多"一开始是任何人都熟悉的自己"，接着是"位于较上层意识下的需求、愿望"，然后是"自己都没有注意到的需求和烦恼"。到最后，我们可能会发现平常自己根本不在意的心灵深处的东西。

这个测试能帮助人了解自我，大家可以试着向家人或朋友推荐。

关联效应
→性格　→潜意识　→显意识

克瑞奇米尔的气质体型说

按类型进行的性格分类中,最有名的是克瑞奇米尔的气质体型说。克瑞奇米尔是德国的精神病医生,他根据临床经验将"体型与性格的关系"总结为3点。

瘦长型的人大多是分裂性情。这是指"非社交型""安静""自律"的类型中较为害羞的神经质类型。他们既具备容易受伤的敏感,又具备对周围漠视的迟钝,很多时候都被人认为不知道他们在想什么。而无论敏感还是迟钝,都是人际关系中的大忌。

瘦长型的人的分裂性情

· 认真的人
· 不善交际
· 神经质倾向

自律?

强壮型的人大多是固执性情，具有"顽固""认真""执着""固执"等性格。他们往往过于认真而不够圆滑，虽然仔细但对事物太过固执，往往过犹不及。这种人有时会对礼仪不周之类的问题大发雷霆，让周围的人惊讶不已。

- 执着
- 对于事物固执
- 有时会突然发脾气

固执型？

强壮型的人的固执性情

肥胖型的人大多属于躁郁性情，基本性格则是"社交型""善良""亲切""温厚"等。但这种人也同时包含活泼暴躁与安静阴郁的气质。他们可能会突然生气、突然安静，属于易懂但情绪不稳的类型。

肥胖型的人的躁郁性情

- 亲切
- 同时具备开朗与安静的气质
- 不稳定的类型

你情绪不稳吧。

关联效应
→性格 →潜意识 →显意识

自尊感情

大 心理效应

大 个人差异

大 男性效应

> 任何人都认为自己具有非凡价值，不比其他人差。这种感情被称作自尊感情。自尊感情较高的人了解自己的价值，不会被他人的评价所左右，无论别人说什么都能宽容以待。但自尊感情较低的人——譬如喜欢自夸的人，如果听不到别人肯定自己的价值就无法得到自我认同。

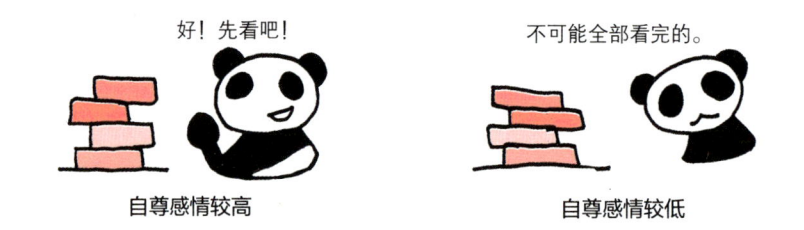

好！先看吧！

不可能全部看完的。

自尊感情较高

自尊感情较低

　　自尊感情较高的人即使遇到困难也能执着地努力克服困难，但自尊感情较低的人则很容易遇到困难就放弃。日常生活中经常用自尊心这个词来替代自尊感情，但实际上它们是有所差别的。自尊心是从与他人比较中产生的情绪，而自尊感情是不会伤害他人的强烈自尊之心。

自己是不是具有价值、不比别人差的人？做出肯定回答的比例是：

美国约89%
中国约96%
日本约38%

调查

对日本、美国、中国的高中生所进行的意识调查表明，当面对"自己是不是具有价值、不比别人差的人？"这个问题时，回答"显然是""差不多是"的人所占比例为：美国约89%，中国约96%，而日本仅仅约38%。

日本人的回答可能包含谦虚的成分，但今后想培养出世界性的日本人才，提高自尊感情和自我肯定的教育方式必然是头号课题。

熊猫老师所使用的技巧性心理术

要建立自信不需要定太大目标，
大的目标

通过制定并达成小目标来肯定自我。
目标 目标 目标
我做到了！

有方法能提高自尊感情。首先，接受自我否定的部分和自身缺点（接受它们的存在），并制定积极向上的目标。相信自我的可能性，不在意别人的评价。其次，当制定和达成目标时，通过肯定自己来逐步提高自尊感情。此时的重点是不要制定太大的目标，从小目标做起。另外，做了某件事虽然并不一定会得到他人的肯定，但要记得对努力过的自己说声"谢谢"。

关联效应
→性格 →自我障碍

防御机制

人都有自我保护、让自己免受伤害的潜意识心理活动，减少、置换、转化不安的情绪，改变看法以确保稳定的状态，这被称作防御机制。防御机制分为健全和不健全两种类型。

◎ **压抑**

当有人说自己坏话时假装没听见，当遭遇坏事时假装没看见，我们经常会将自己的思维和想法封闭在心底。这种防御方法是由于表层意识的思维太痛苦，所以将这些感情送入意识深层，这也是防御机制的代表性方法之一。压抑是保护内心的重要功能，不能简单地定义其是好是坏。

◎合理化

对没能完成的事表示惋惜，认为不是自己的错——这种思维被称作合理化。比如当报告输给了竞争对手公司导致订单被抢走时，我们往往会安慰自己这个订单太难，拿不到反而更好。因为将事情进展不顺归咎于自己的原因会让自尊感情受到伤害，所以大多数人都会为自己找个可以接受的理由。

> 接受这个工作会忙得要死，假装不知道好了。

大 心理效应
大 个人差异

◎投射

"那家伙真小气""吝啬"——有的人很喜欢指责别人的缺点，但仔细一想其实他本人更为小气或吝啬。这也被称作投射。该防御机制的表现是，当人们不肯承认自己的缺点时，就会将它推给别人并进行批评。

> 吝啬鬼！
> 吝啬鬼！

中 心理效应
大 个人差异

◎置换

被前辈责骂之后转头责骂后辈以泄愤，被上司斥责之后将不快的心情转而向部下发泄。当自己的情绪难以纾解或得不到社会认可时，人们往往会将这种情绪置换给身边的人，以此发泄不满并从中得到满足。

> 你才不受欢迎！
> 你不受欢迎！
> 可恶！

中 心理效应
大 个人差异

◎ **否认**

当朋友或家人去世时，由于过度悲痛，人们大多会在显意识中否认这一事实，当作它从未发生。

"压抑"是无意识地否认不愉快的事，而"否认"则是当作这件事没有发生过。

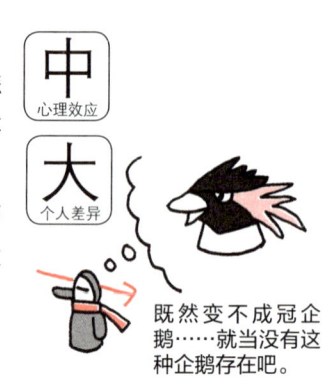

既然变不成冠企鹅……就当没有这种企鹅存在吧。

我试了一下变成冠企鹅。

谁？

◎ **同一化**

因为憧憬时髦的艺人而无意识地模仿他，或者有了情敌时不自觉地模仿对方的行为举动，这些情况并不少见。它被称作同一化，通过接近憧憬的对象或对手来满足自我需求。

◎ **消除**

我们在指责某人之后又立刻想取悦他，这种似乎出于罪恶感而做出的行为也是为了消除之前行为的防御机制。当人们怀有不快的心情或负面感情时，为了消除这种感情，往往会一不小心反复做出令人不快的事。

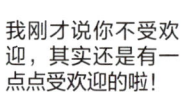

我刚才说你不受欢迎，其实还是有一点点受欢迎的啦！

我最讨厌熊猫了！

◎ **反向形成**

欺负喜欢的人、对喜欢的东西说讨厌的行为被称作反向形

- 64 -

成。这是为了不被人看破真心而采取的行动，大多在幼儿时期常见，也可以将其视作幼稚的防御机制。一些小心眼的大人为了不被人窥见内心也有可能虚张声势。

◎升华

当我们有喜欢的人却无法与其有进一步发展时，有时会将注意力转向学习或运动；或者当想做的事难以达成时，有时也会转而参与志愿者等社会活动。这就是所谓的升华。当自我需求难以满足时，就转移目标以求完成其他的事。它与置换有些许类似，但本质是挑战困难，求得社会认可的积极型防御机制。

◎退行

当感到难以超越现状时，人们会通过退回过去的自己来保持平常心。常用的词语是"幼儿回归"。

◎分离

将自我感情与现实所发生的事情相分离，当作别人的事情，以旁观者的姿态坐视发生在自己身上的事。

◎逃避

典型行为是借口"突然身体不适"等，从重要局面或困境中逃走。这被称作逃避，是通过逃离现场来减轻心理负担，从而实现自我保护的防御机制。

关联效应

→性格　→显意识　→潜在意识　→自尊感情

安慰剂效应

其实只是汽水。 给，能让你受欢迎的药。

中 心理效应

大 个人差异

安慰剂效应是指主观意识能实际上影响身体的效应。尤其是在医疗领域，将并没有药效的安慰剂（无效药）说成是有效药交给患者的话，其病况有可能会好转。这就是安慰剂效应，它的影响主要源于认为"一定有效"的自我暗示以及和医生之间的信赖关系。

是营养液啊。 好像起效了。 ← 只不过是果汁而已。

这种效应对于容易受精神状态影响的疾病、失眠或神经性腹痛等比较有效。例如，认定价格昂贵的营养液效果一定比较好，喝下后可能会真的恢复活力，因此它也被称作假药效应或安慰剂效应。

关联效应
→自我成就预言 →标签效应

卡里古拉效应

禁止上映的那部电影登陆影院

熊猫女孩

听说是禁片，反而更想看了。

话也不是这么说啦。

大 心理效应

大 个人差异

在看到"禁止入内"的标志时，你是否反而很想进去一探究竟呢？有的人，越是被人要求"不许看"就越是想看。我们很多人都有被禁止后反而产生好奇心的心理，这就是卡里古拉效应，该名称来源于一部在部分地区被禁止上映，却因此获得额外关注的电影《卡里古拉》。

想进去看看。

禁止入内

不许进去！

禁止入内

是。

如果被强权者强行禁止，也不敢违抗……

　　人往往会顺从身边的强势权力者的命令，但当权力者远离自己时，单方面的强行禁止反而会引起反弹，让人产生争取自由的心理。从大范围来看该效应，比如恐怖电影等的宣传语与其用"好评如潮""众所期待"，不如用"禁止上映""禁止观影"等更能吸引观众。

关联效应

→米尔格伦实验（服从效应）　→罗密欧与朱丽叶效应

巴纳姆效应

- 既具有现实性思维，又具有罗曼蒂克的一面。
- 算是实干家，即使不是实干家也属于自发努力的类型。
- 有梦想。
- 想与人和睦相处。

戈本的性格诊断是……

其实只是随口说说。

大 心理效应

中 个人差异

对于性格诊断或占卜等结论，即使其内容是任何人都可以套用的普遍性诊断结果，人们也会认为"它特别符合自己"，这就是巴纳姆效应。这一效应在心理效应中属于较强的一类，对多数人奏效，尤其是当发言者具有权威性，或者内容是积极的、笼统的时候效果尤为明显。

嗯，说得对。

戈本也具有浪漫的部分吧。

好话 → 毫不迟疑地接受

该效应的名称来源于利用巧妙的手段使巡回演出大获成功的杂技师巴纳姆，也有人以美国心理学家福勒的名字将其命名为福勒效应。

实验

在血型诊断的实验中，将A型性格的描述转述给B型的人，其中九成的人会表示"说中了"。此外，心理学家福勒将几篇星座占卜的文章混合起来对学生进行性格分析，大多数学生认为分析结果正确。像"你有浪漫的一面""你的愿望具有非现实倾向"等仔细一想其实非常普遍的评价都会被多数人毫无障碍地接受。

那是A型的性格
其实是B型
中了

熊猫老师所使用的技巧性心理术

你有烦恼吧？
嗯。

买个幸运之壶吧。
买。

巴纳姆效应是占卜师常用的技巧之一。占卜师通过告知占卜者大多数人都通用的描述来获得对方认为其"无所不知"的信任。这种效应也适用于工作和恋爱，比如你事先准备好大量能让他人感到开心的积极内容，并在闲聊中假装不经意地说出来，对方在接受了一定量的信息之后就会认为"你很了解我"，从而对你产生信任。当然，请不要滥用此效应。

关联效应
→梅拉宾法则

蔡格尼克记忆效应

蔡格尼克记忆效应是指无法完成的或中途结束的事比已经完成或达成的事更能让人记住的心理效应，它的名称来源于心理学家蔡格尼克。受此效应影响，比起已经看完的漫画，人们对没时间看到最后的漫画更为记挂，或者对未完工的作品更有兴趣。

话说到一半能提高人们对该话题的兴趣度

在派对上遇到朋友时，聊尽所有话题远不如正谈得畅快时突然离开更让人记忆深刻。如果半途中断话题，对方会对你留下很深的印象（详情参照第100页的峰终定律）。

关联效应
→峰终定律

自我成就预言

睡着也能引起尖叫的熊猫呀！

太狡猾了。

好像熊猫只有睡觉才能受欢迎，那就没办法了……

中 心理效应

中 个人差异

当人们认为"血型性格诊断的结果是正确的"时，比如A型血的特点是"认真"，可能就会让自己去符合这一特性。在主观思维之下，认为现实中的自己就应该是那样，接着就会努力去接近自己的设想。这就是自我成就预言。

写在纸上

在大家面前发出宣告

将愿望写在纸上，该愿望会更容易实现；对别人宣告自己的目标，该目标会更容易达成。这些都是自我成就预言的效果。它被认为是一种自我暗示，在想达成某个目标时，发出宣言和强烈的成功预感都是很重要的。

关联效应

→心理控制　→潜意识

→皮格马利翁效应　→宣言效应

刻板印象

我们往往会受先入观念、主观印象和大多数人所熟悉的固定观念影响。比如英国人都是绅士、日本人都很勤奋之类的印象。实际上,英国人并不都是绅士,日本人也不是都很勤奋。

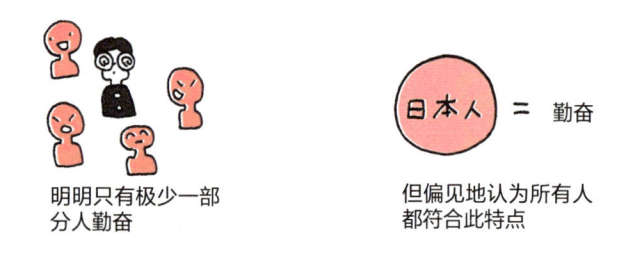

这种观念被称作刻板印象,它的名称来源于印刷的铅版(stereo),比喻像盖印章一样的固定不变的印象。人们喜欢用名称来区分人,所以很容易对事物抱有错误的固有印象。

关联效应
→晕轮效应 →代表性

自我障碍

我……我有点感冒，脸色不太好，所以……

听说动物园开设了人气投票。

中 心理效应

大 个人差异

在考试或开展重要工作之前，总会有人向朋友或同事表示"身体不适"，这就是被称作自我障碍的行为。即在面对重要事项时，通过事先列举不利条件来提前给将来业绩不理想找借口的自我防卫法。

反正我说了感冒，就算结果不理想也有借口了。

如果结果好的话，那我在状况不佳的情况下还能取得好成绩就更厉害了……

利用自我障碍的人大多会用"睡眠不足""感冒"等词语。这种行为特别常见于自尊感情较脆弱的人，这种人比较在意别人的评价，喜欢将责任推卸给他人。

关联效应

→自尊感情 →防御机制

蜜月效应

浓情蜜意

中
心理效应

大
个人差异

新学年进入新班级，或作为社会新人进入公司，或由于企业重组而出现人事变动等环境变化时，人们大多会进入短暂的兴奋期。这种心理效应就是蜜月效应，该效应的状态与彼此相爱的人结成夫妻后的激动感类似。

在专业运动中，教练更换时也会进入蜜月状态

但这种效果仅能维持6周

进入新环境时，人们不仅在心情上会焕然一新，还会认为新环境与自身利益相关。因为在旧环境中要改变固有评价需要付出极大的努力，但在新环境下，自身评价从零开始，要获得好评将更容易，于是会充满干劲。

关联效应

→柯立芝效应

标签效应

"你是个实干家""你是个温柔的人"。当有人给你下了"××家""××类型"的定义时，即使实际上你并不是这种人，也会不由自主地努力成为这种人。这种给人类似贴标签的行为被称为标签效应。

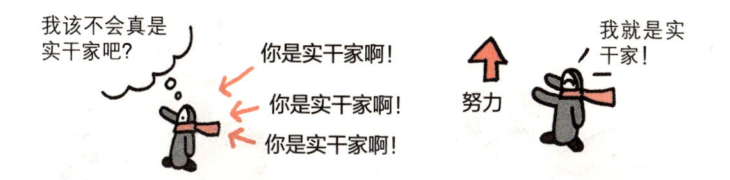

比如当许多人说你是"实干家"时，你会进入一种暗示状态，潜意识中将"自己是实干家"刻入记忆，而后产生让自己变成这种人的想法。如果给人贴上负面标签，可能会使其变得更坏，所以请尽可能给人贴积极的标签。

关联效应

→自我成就预言　→潜意识　→心理控制

→责任效应　→刻板印象

宣言效应

我要成为动物园最受欢迎的人。

心理效应：中
个人差异：中

减肥或每天学习都是难以坚持的事，但有个好方法能应对这种情况，那就是在众人面前"宣言"自己要为此努力。这就是宣言效应。因为在众人面前发表了宣言，所以产生了不能轻易放弃的心理。这一效应与受到注目就会提高效率的霍桑效应有点类似。

在成为第一名之前我会努力的！

先宣布目标

进展顺利的话就给自己奖励。

奖励也是有效的手段

能让自己努力的"目标"也是非常重要的，并且如果同时宣布"努力的终点"更利于坚持下去。达成目标之后给自己一点奖励则是锦上添花，这也被称作奖励效应，是为得到报酬而努力的心理效应。

关联效应
→霍桑效应　→自我成就预言

第 3 章

认知心理学

五感与心理之间的密切关系

接下来要介绍的是视觉与听觉等感官与心理的关系。

人类的信息来源有八成以上依赖视觉信息,但视觉其实很不可靠。听觉在信息获取方面虽然比不上视觉,但具有只听自己想听的声音等优秀的功能。本章将介绍与知觉、记忆、思考等与人类认识相关的心理效应。

梅拉宾法则

梅拉宾法则是指信息的输出者在传递矛盾的信息时（比如既传递善意信息，也传递攻击性信息），遵循视觉信息优先的法则。比如当你送礼物给朋友时，对方回复"好开心"这种语言信息，但视觉反馈给你的信息是漫不经心的态度，那么依照"视觉信息优先"的理论，你就会判断对方"其实并不开心"。

这一法则被称作梅拉宾法则。当接收到矛盾的信息时可以以此对信息做出解释，但有人仅根据"视觉信息优先"这一结果将其夸大解释为"凭外表判断别人"。

说话方式 38%
说话内容 7%
外表 55%

研究

美国心理学家梅拉宾做了一个实验，研究当人接收矛盾信息时，更重视语言、听觉、视觉中的哪一项。结果表明：外表占55%，说话方式占38%，说话内容占7%。这一法则被称作梅拉宾法则，也被称作3V法则，3V分别是指语言信息（Verbal）、听觉信息（Vocal）、视觉信息（Visual），还有人称其为7-38-55法则。

熊猫老师所使用的技巧性心理术

视觉、听觉、语言信息一致时，
这太棒了！

信赖感增加，对说话者的信任感上升。
值得信赖！
这太棒了！

梅拉宾法则阐明了矛盾信息的优先度，但反过来说，当"输送的信息没有矛盾"时，则能更为有效地传递给对方，即外表（视觉信息）、说话方式（听觉信息）、说话内容（语言信息）都一致。当你对别人有所求的时候可以加上身体与手部动作，当你表示反省时表现出反省的态度都是非常重要的。平常不注意让这三种信息达成一致的人往往得不到他人信赖，相反则能提高信赖度。在做报告、商业会谈、恋爱交往时巧妙利用这一特点，让三种信息一致就能在信赖度方面取胜。

关联效应
→晕轮效应 →巴纳姆效应

暗适应

> 当我们进入放映中的电影院时，由于刚从明处进入暗处，可能一时间什么都看不到，但慢慢地会看清室内的情况。这种眼睛适应黑暗的现象叫作暗适应。这是视网膜内的视网膜色素这一蛋白质功能在影响人眼。（虽然是生物学知识，但这里作为认知心理学的基础也稍做介绍。）

视网膜色素的增加能提高感度

视网膜色素的增加需要一定时间

在明亮的地方，人可以通过眼里的杆体感光细胞来感知周围。杆体感光细胞是通过视网膜色素的增加来提高感度，而视网膜色素的增加需要一定时间，所以当我们进入暗处，眼睛也需要一定的适应时间。

关联效应
→明适应

明适应

从暗处突然走进亮处时，人们会觉得头晕目眩，下意识地眯起眼睛。不过很快就能适应过来，逐渐能看清东西，这就是明适应。这是由于在暗处时视网膜色素增加，进入亮处时眼睛的感度过高。

视网膜色素的聚集需要一定时间

但分解速度很快，所以对应亮处需要的时间较少

视网膜色素具有遇光分解的性质，所以一般很快就能恢复正常视觉。视网膜色素的分解所需时间比增加时更快，因此人突然进入亮处比突然进入暗处的适应时间更快，这也是人眼的有趣功能之一。

关联效应
→暗适应

大小的恒定性

目标物体距离发生变化会在人眼中出现大小的变化，但人会自动修正视觉来推测其实际大小。如果车或者人出现在景象中的话，由于我们已知其大小，就能将其作为标准来推测和比较其他物体。因此，即使距离发生变化，物体的大小也在我们眼中维持恒定，这就是大小的恒定性。

上图中有熊猫老师的画像。对左侧图，我们没有觉得有问题，然后我们将图中熊猫按其大小直接移到右侧，才发现原来图中大小差距如此之大。受背景影响，大小恒定性让图像在脑中扩大，所以左侧图不会让我们对大小差异产生不协调感。

关联效应
→色彩的恒定性

色彩的恒定性

不仅大小具有恒定性，色彩也有。比如苹果在室内荧光灯下和在室外夕阳下所呈现出来的颜色有很大的不同。夕阳下的苹果在我们眼中会染上一层夕阳的光。

自然颜色的苹果

即使染上夕阳的颜色，在我们脑中仍然会转换成自然的颜色

人并不会认为这是苹果的颜色发生了巨大变化，仍然会感知它为原本的颜色，这就是色彩的恒定性。即使由于夕阳的影响让光的波长成分出现了很大变化，我们依然会在脑内对色彩进行修正。不仅人类，昆虫和猴子也具有这种恒定性。

关联效应
→大小的恒定性

黄金比例

有种平衡能让人感到舒服，比如巴黎的凯旋门、帕特农神庙等优秀的建筑物或艺术作品都存在黄金比例。黄金比例约为1∶1.618。尤其是纵向和横向呈黄金比例的四角形（黄金矩形）是我们身边最常见的，比如名片、信用卡等都是非常接近该比例的形状。

为什么黄金比例会让人感到愉快，至今仍没有科学依据，有人认为它作为美的规范使用的历史形成了让人喜欢的基础（曝光效应）。不过，虽然有的时代大多数人都支持黄金比例的美感，但在审美多样性的现代，这一比例也并不一定被认为是美丽的。

关联效应

→白银比例　→曝光效应

白银比例

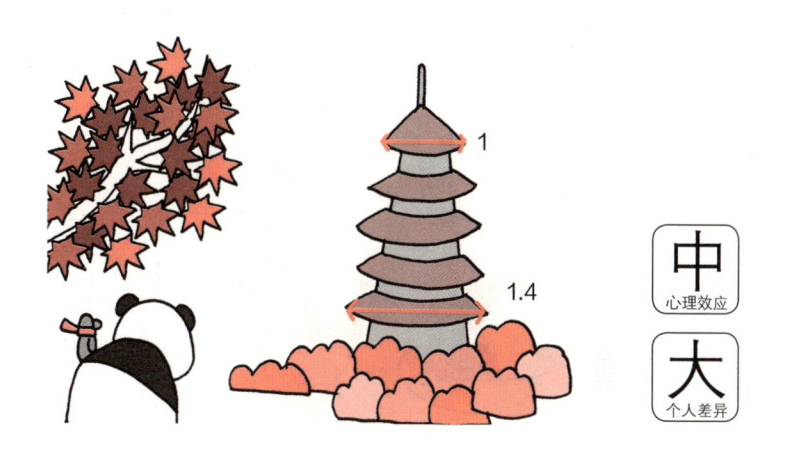

与黄金比例相比，日本自古以来更喜欢约1∶1.4的白银比例。白银比例被广泛运用于日本的建筑、雕刻、插花等，也被称作大和比例。其中最具代表性的就是法隆寺的五重塔和四天王寺的建筑群。

要受欢迎就变成白银比例……

日本人喜欢白银比例体现在身边很多东西都是白银比例，比如A3、B4等纸张的高宽比例就是白银比例。A纸张据说是源自德国的规格，B纸张就是日本独有的规格了，来源于江户的公用纸"美浓纸"。此外，五七五的俳句也属于白银比例。

关联效应

→黄金比例　→曝光效应

阈下效应

想吃爆米花

不明
心理效应

不明
个人差异

通过在影像作品的镜头与镜头之间加入短得让人意识不到的影像，能激发人的潜意识，这就是阈下效应。美国某电影院曾做过一个实验，在电影中加入推荐可乐和爆米花的影像后，购买人数明显提升。如今这种做法被认为有失公平而被禁止使用，日本也禁止使用具有阈下信息的影像。

我们并没有进行调查

公开宣布结果是错误的

· 在实验室中得出的结果表明阈下效应广告有效
· 在电影院所进行的其他实验则无效

但之后曾在电影院做过该实验的人公开表示，结果是错误的，因为在其他国家进行该实验时，有的完全无效。不过在其他实验中，当人们对该产品有好感时又会产生效果。本效应被认为是在条件完善的情况下才会触发，但具体情况至今仍难以解释。

关联效应
→潜意识　→库里肖夫效应　→启动效应

沙篷蒂尔错觉

5公斤的铁和5公斤的棉花虽然重量相同，但拿起来的时候会感觉棉花更轻。这就是沙篷蒂尔错觉，也被称作沙-柯大小重量错觉。受视觉所见大小的影响，即使重量相等的铁和棉花，更小的铁也会让人产生更重的错觉。

这个肯定更重

由于棉花比较轻这个先入观念，导致真正的感觉被迷惑

人很容易受固定概念或印象的影响，这种印象也会对"重量"的概念产生作用。类似的效应还有不同的颜色会让人对重量的感觉产生变化，也就是所谓的颜色的重量效应。

关联效应
→颜色的重量效应

库里肖夫效应

中 心理效应

中 个人差异

> 影像与影像间的镜头是由前一个镜头来决定其所表达的含义。比如一张面无表情的男性面孔放在"汤的镜头后面""棺材的镜头后面""躺在沙发上的女性镜头后面",即使该男性表情完全一样,也会给人以"想吃""哀悼""欲望"等不同的印象。

汤的镜头 → 好像很好吃
遗体的镜头 → 悲伤

好像很好吃 → 熊猫的表情看起来像"想吃"
悲伤 → 熊猫的表情看起来像"哀悼"

该效应是苏联电影导演库里肖夫通过实验证明的,因此被称为库里肖夫效应,它显示了即使是无关的两个事物,人也会在潜意识中将其关联理解。

关联效应
→阈下效应　→幻想性错觉
→启动效应　→脉络效应

启动效应

说起蔬菜你会想到什么?

番茄!

大 心理效应
中 个人差异

展示草莓、樱桃、苹果的图片后再提问"你想到了什么蔬菜"时,不少人会回答蔬菜中同样是红色的"番茄"。受到事前所看的图案的影响而容易联想或记住类似事物,这就是启动效应。

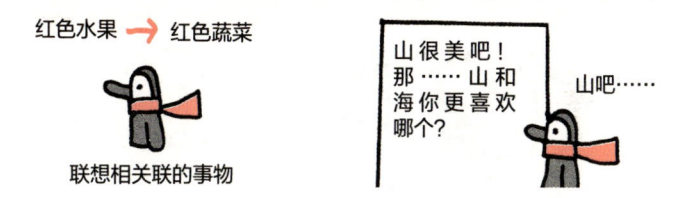

红色水果 → 红色蔬菜

联想相关联的事物

山很美吧!那……山和海你更喜欢哪个?

山吧……

这一效应经常用于诱导术中,通过事先的闲聊有意识地引导对方说出自己想要的内容。此外也常见于问卷调查中,许多我们认为是自主的回答实际上只不过是顺应制作者意图的答案。

关联效应
→阈下效应 →幻想性错觉
→库里肖夫效应

布拉哥南斯定律

上面有张脸

心理效应 大

个人差异 中

1976年，火星探测器海盗1号所拍摄的火星表面有一张像诡异人脸的岩石。它看起来有眼睛、鼻子和嘴巴，见过这张岩石图片的不少人都以为这是火星人的建筑物，为此还引发了大骚动。但之后更为清晰的照片传回，发现那不过是自然形成的岩石而已。

看起来像人脸的岩石……

其实只是受阴影的影响，让人误认为是人脸

哎呀？

当人们眼前出现一组意义含糊不清的元素时，他们会放弃复杂的思维，选择更为简单的方法来诠释这些元素，这就是布拉哥南斯定律。由于人脑中对人脸具有认知部分，所以对脸的反应比较敏感。只要有能联想到眼、鼻、口的东西，人们就很容易将其理解为人脸。类似的还有在随机数据中套用常见模式的幻想性错觉（Apophenia）心理现象。在这种情况下，也会将岩石看作人脸。

关联效应
→幻想性错觉

曝光效应

好像爱上狮子了……

大 心理效应

中 个人差异

让人反复观看一个既谈不上喜欢也谈不上讨厌的东西，能够提升对它的好感度，这就是曝光效应。比如对广告商品产生兴趣，或对演出某部作品的演员产生好感都是由于曝光效应的影响。该效应能够用于人、诗集、歌曲和语言，但值得注意的是，如果让人持续观看讨厌的东西，不仅不能提升好感度，反而会增加厌恶感。

反复观看后……　　　　　容易喜欢上看到的东西

曝光效应原本常用于照片和名字。最初的10次被认为是曝光效应最高的时候，因此广告要如何最有效地利用这10次就是关键所在了。

关联效应
→扎荣茨效应

脉络效应

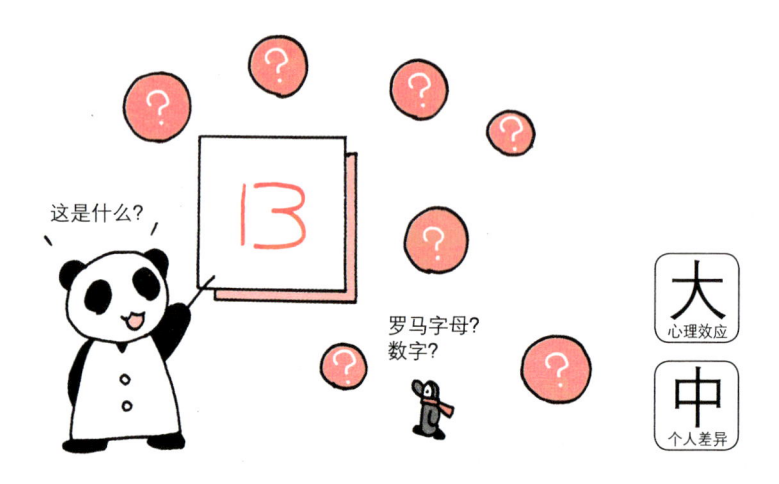

语言、文字和图形会受前后关系的影响而使认知方式发生变化。比如当朋友说"好漂亮的KAMI（日语头发或纸的发音）"时，一般我们会认为是在称赞"头发"，但如果他拿着折纸或日本纸说这句话，我们就会认为他可能说的是"纸"。这种由于状况不同而改变认知的心理就属于脉络效应。

前后加入数字后，该图案被认作"13"

前后加入罗马字母后，该图案被认作"B"

如上图，看起来既像是数字"13"又像罗马字母"B"，但在加入前后信息后立刻就能做出认定。

> 今天和爸爸妈妈一起去上野动园物看了熊猫。

实验

　　这里我们来具体做个实验。请迅速看一遍左边的句子，那是小朋友写的图画日记。乍一看应该是"今天和爸爸妈妈一起去上野动物园看了熊猫"，但仔细一瞧，写的其实不是"动物园"而是"动园物"。可能有人会发现这个错误，但更多的人会下意识地被"上野"这个词引导，自然地将其看成"动物园"。这就是脉络效应。

熊猫老师所使用的技巧性心理术

销售时在普通销售的基础上加入前后关系……

这是山川先生精心培育的无农药苹果。

做成苹果派很好吃。

想买！

　　脉络效应是心理效应中较强的一种，我们可以将其用于任何方面。例如商店想要促销时，不是单纯地做商品陈列而是加入能让商品看起来更好的前后关系，将会得到明显效果。如果是水果的话，通过展示它是从哪里采摘，在什么环境下培育，适合放在什么样的盘子上，怎么吃更美味，就能在顾客眼中提高该水果的新鲜度、品质、品牌效应等。另外，脉络效应也常用于时尚品、奢侈品等领域。

关联效应
→库里肖夫效应

波巴奇奇效应

哪个是波巴?
哪个是奇奇?

大 心理效应
小 个人差异

准备好一个由曲线组成的带圆形的图形与一个由直线组成的带锐角的图形，并告知这两个图形分别叫作波巴和奇奇，接着提问："哪个是波巴？哪个是奇奇？"有98%的人回答圆形的是波巴，尖锐的是奇奇。无论任何年龄、性别、语言的人，该实验结果都基本一致。

选择发"波巴"的音时
更接近图形的嘴形

选择发"奇奇"的音时
更接近图形的嘴形

这种语言发音与图形的视觉印象之间的关系被称作波巴奇奇效应。有人推测图形的视觉印象与所联想的名字、发音甚至超越了文化的影响；也有人认为我们会从视觉上选择与"波巴""奇奇"发音时类似的图形。

娃娃脸效应

我把钱弄丢了。

我把钱弄丢了。

中 心理效应

中 个人差异

> 圆脸、瞳孔又黑又大的眼睛、短下巴、小鼻子——这种娃娃脸的人很容易给人天真、说话诚实的印象。这就是所谓的娃娃脸效应。该倾向能在所有文化和年龄中出现。

这家的房子看起来很抗震啊！

这家的房子看起来很抗震啊！

这种效应很容易让人觉得小孩或长着娃娃脸的大人的发言内容诚实且真实（非宣传的）。不过在需要一定信赖度的专业领域，他们的话反而会被视作是天真的，而不会被当真。

关联效应
→晕轮效应　→幼儿图式

斯特鲁普效应

首先请看图中的两个四边形，说出它们的颜色。"黑色和红色"，不是很难回答的问题对吧？接着说出右边的两个汉字的颜色。注意是回答汉字的颜色而不是它的意思。正确答案是"红色和黑色"。你是否会在一瞬间被汉字的意思误导，从而给出错误答案呢？汉字意思与颜色信息互相干扰，导致认知反应迟钝，这就是斯特鲁普效应[①]。

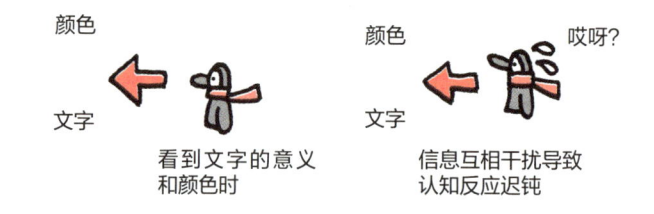

颜色　　　　　　　　　　颜色　　　　　哎呀？
文字　　　　　　　　　　文字
看到文字的意义　　　　　信息互相干扰导致
和颜色时　　　　　　　　认知反应迟钝

　　这是由于读取单词的速度比认知颜色的速度更快所造成的现象。当你想说文字颜色时，可能脑子里会下意识地浮现文字的意思。

---

① 1935年，美国心理学家斯特鲁普发现该效应，所以称其为斯特鲁普效应。

麦格克效应

人在摄像机前拍下发音"GA"的影像,但录入的是"BA"的声音,当播放该影像时,人们会将声音听成是"DA"或者"GA"。明明声音是"BA",播放时也只应该听作"BA"才对,为什么会出现这种不可思议的现象呢?英国心理学家麦格克对其做了归纳研究。

当视觉信息与听觉信息相矛盾时……

就出现了优先视觉信息的现象

这就是麦格克效应。当耳朵和眼睛所获得的信息相矛盾时,人会优先选择视觉信息。

关联效应
→梅拉宾法则

鸡尾酒会效应

在小酒馆豪饮时,虽然周围十分嘈杂,但一旦有人提到自己的名字,你是否会立刻注意到呢?这被称作鸡尾酒会效应,它的名称来源于人们身处鸡尾酒会进行交际聊天时能敏锐地察觉一些特定的话。人的听觉非常优秀,能从杂音中听到自己想听的东西。

在现场只会听自己想听的声音

但录音就会听到所有的声音

为了确认这一功能,有人做了个实验,对某个舞会进行了录音。当声音播放时,杂音十分严重,加上椅子移动声、脚步声、笑声等,能听到当时在现场没留意到的各种声音。而身处现场时,人会对声音进行处理,只听必要的声音,所以注意不到其他声音。

利用声音到达的时间差

戈本啊……

戈本啊……

右耳　左耳

研究

人的听觉的优秀之处在于不仅能从杂音中听取自己想听的声音，还能在自己关心的对话或单词出现时立刻觉察到。这一功能据说与人类用两只耳朵听声音有关，如果只用单耳的话就很难只听自己想听的声音了。这是利用了声音到达两耳的时间差，通过去除不需要的声音来实现先行音效应。

熊猫老师所使用的技巧性心理术

只有普通的隔离物时，声音还是听得一清二楚。

加入背景音乐后，其他声音的干扰就会让人难以听清。

这里给各位介绍一种利用耳朵功能的有趣小技巧。在会议室设置一块隔离物时，声音依旧能传出去。如果不希望隔间的人听到自己的对话，就打开空调吧，因为空调运行的声音能掩盖对话声。这被称为掩蔽现象，利用声音来遮掩声音。最近有不少企业都在会议室里播放类似空调开放的声音来实现这一效果。

峰终定律

开车去目的地时,在即将到达目的地前堵车和在中途堵车但最后畅通无阻,这两种情况即使总计时间一样,前者也更容易给人留下不快的印象,这就是峰终定律。

以愉快的状况结束,会淡化途中不快的记忆

以不快的状况结束,会淡化途中愉快的记忆

在有的心理学书籍中将峰终效应解释为初始效应的反面效应,但其实稍做比较会发现有谬误。初始效应是指第一眼印象能短暂持续的效应,而峰终效应则是指峰值时的状态与结束时的状态容易给人留下强烈印象的效应。

实验

美国心理学家卡内曼教授等人曾做过以下实验，让参加者按一定时间间隔分3次将手放进非常冷的水中，第1次先浸泡一只手60秒，接着浸泡另一只手60秒，第2次延长浸泡的时间但逐渐提高水温。在第3次浸泡之前询问参加者愿意再尝试第1次还是第2次。结果大多数人都选择了时间更长的第2次。从合理的角度来考虑，应该是时间越短越好，但第2次到最后多少留下了一些愉快的印象，因此淡化了之前不快的感觉。

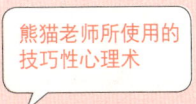

熊猫老师所使用的技巧性心理术

如果想在结束对话时留下好印象，

最好在相谈正欢时终止对话。

那下次见！

我还想多聊会儿呢……

这里教大家一个利用峰终效应的有趣小技巧。当你遇到一个意气相投的人时，是否烦恼于不知该什么时候结束对话？一般而言，我们都会天南海北地聊到无话可说。但其实最好的"结束方法"是在聊到最畅快时戛然而止。"好"或"差"的印象与时间的长短无关，与感情峰值和最后焦点是快乐还是痛苦有关。在相谈正欢时结束谈话，对方会产生"还想聊"的渴望感，从而容易在记忆中留下好印象。

关联效应

→初始效应　→近因效应

睡眠者效应

动物园搬家?
好奇怪的传言。

一周后

据说动物园要搬家呢。

真的假的?

中 心理效应

中 个人差异

> 轻易从网络获得的信息有时会很可疑，虽然人们最初抱着怀疑的心态，但随着时间的推移会忘记这种疑惑，只记得信息本身并且毫不在意地使用或传播，这就是睡眠者效应。对于从可信度较低的情报源得到的信息，我们的怀疑意识会随着时间流逝而变淡，最后将留在记忆中的信息当成一般信息使用。

情报源
信息内容

情报源
信息内容

该效应产生的原因是，比起信息内容，人更容易先忘记信息来源。所以，也有人认为如果信息内容不具有冲击性，该效应就会产生效果。身边的典型例子就是，人们最初可能会对"瘦身""赚钱"等网络广告持怀疑态度，但很快就会忘记质疑，被其吸引。

注意的焦点化效应

完全被狮子的一头红毛吸引，根本没注意他说了什么。

中 心理效应

大 个人差异

我们在和人聊天时，有时会因为觉得"对方的发型很奇怪"，于是一直被发型吸引，根本不能集中注意力听对方说了什么。因为人在做判断的时候会将注意力集中于特定部分，不会关注其他部分，这就是注意的焦点化效应。

孙子的声音

怎么办？怎么办？

状况不对

汇款诈骗里就用了人在过度焦虑时无暇顾及其他的心理

得赶快汇款才行。

时间紧迫也会加重焦虑

实施汇款诈骗时必不可少的一点是，让受害者将注意力只放在"孩子出事"上，从而难以对不正常的状况做出冷静的判断。

错觉

> 本节将介绍各种主要由眼睛的错觉造成的"视错觉"。
> 引发错觉的原因很多，其中有一部分至今还没找出原因。

【长度的错觉】

■缪勒–莱耶错觉

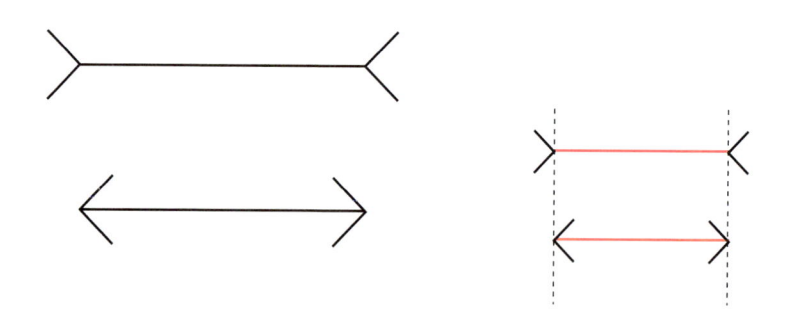

上下图中的直线部分长度相同，但上方的直线让人感觉更长。更不可思议的是，即使明知长度相同，上方依旧看起来更长。

■蓬佐错觉

在三角形内部放入两条长度相同的平行线段，显然上方的线段让人感觉更长。这是意大利心理学家蓬佐研究发布的错觉。

■鲍德温错觉

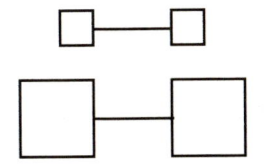

位于大小不同的四边形之间长度相同的线段，视觉上是上面的直线更长，这是四边形形成的"纵深"给人造成的错觉。

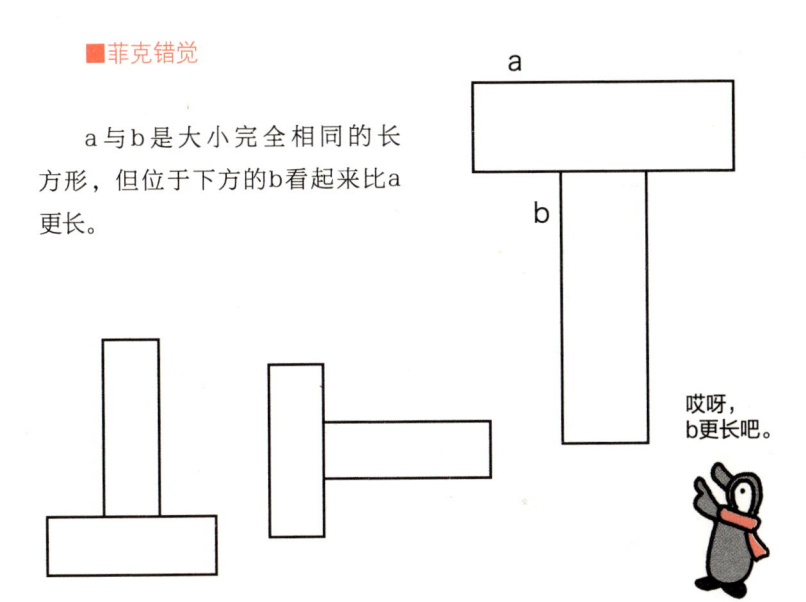

■菲克错觉

a与b是大小完全相同的长方形，但位于下方的b看起来比a更长。

哎呀，b更长吧。

这是错觉？

即使上下翻转，依旧是b图形看起来更长。处于垂直方向的东西在视觉上更长这一点早已被人知晓，但该图形即使处于水平状态还是b看起来更长。为什么会这样呢？至今还是个谜。

【大小的视错觉】

■ 艾宾浩斯错觉

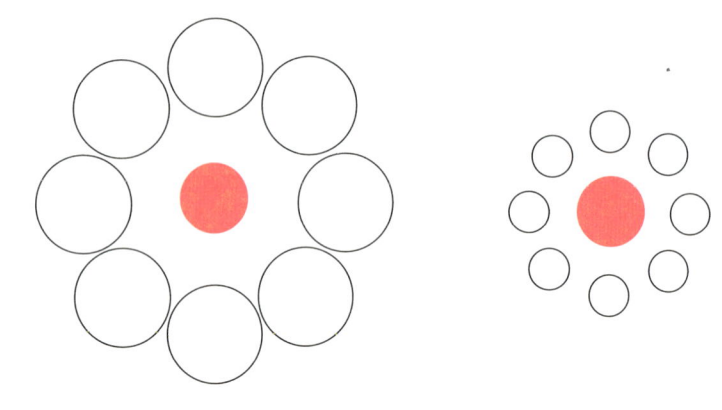

左右两图中间的圆的面积大小一样，但右侧的看起来更大。这是由于与周围的圆形成对比效果，从而扰乱了我们对大小的感觉。

■ 德尔布夫错觉

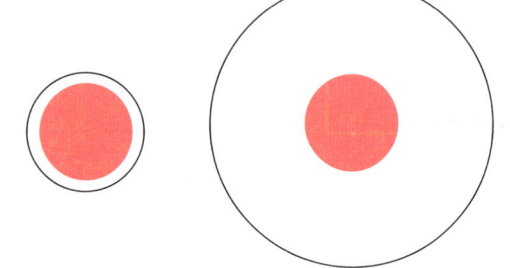

看起来不像一样大呀

左右两图中间的圆的面积大小一样，但受外围同心圆的大小影响，让人觉得中间圆的大小不同。

【歪曲的直线】

■勒纳错觉

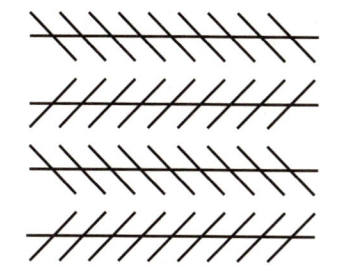

4根横线是平行的，但受斜线的影响看起来是歪的，这就是以德国天文物理学家勒纳命名的勒纳错觉。

看起来是歪的！

■霍夫勒图形

交叉的直线受重叠的斜线影响，形成了视觉上的歪曲。

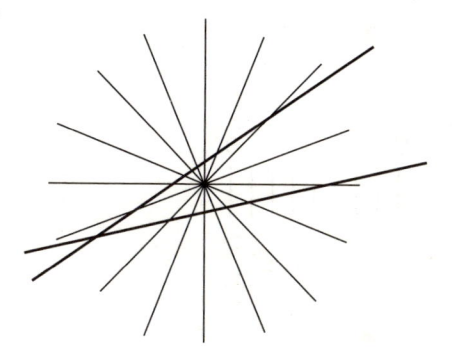

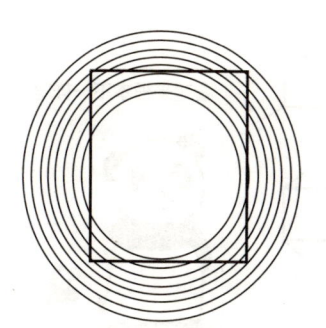

■爱因斯坦错觉

在多个同心圆中放入四边形后，四边形的边看起来向内凹陷。

【歪曲的位置关系、形状】

■波根多夫错觉

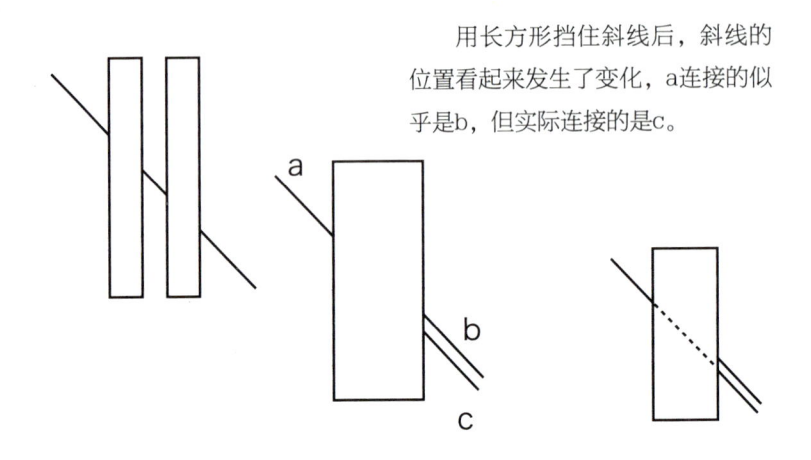

用长方形挡住斜线后，斜线的位置看起来发生了变化，a连接的似乎是b，但实际连接的是c。

■奥培尔·库恩特错觉

d和e的间隔与e和f的间隔相同，但在d和e之间加入间隔相等的竖线之后，看起来它们的距离更远。

■威特·马萨罗错觉

上下的长方形大小相等，但上面的长方形看起来更细长，下面的长方形看起来更宽。这与缪勒－莱耶错觉的效果类似。

看起来根本不一样呀！

【看到不存在的东西的视错觉】

■卡尼萨三角

分别将具有相同切口的三个黑色圆的切口朝着底边中间位置具有相同缺口的等边三角形的缺口放置，就会发现出现了原本并不存在的白色三角形。这白色三角形也被称作主观轮廓，由人们认为看到但并不存在的轮廓线构成，白色三角形看起来比背景更加明显。

■悬浮的立方体

在黑色圆中切割出立方体一角的样子并按顺序排列好之后，就出现了一个立方体。虽然圆之外没有任何图案，但看起来确实是完整的立方体。

■埃伦施泰因错觉

线条交叉部分留下切口后，形成了明亮的圆形。这是由于人的大脑在感知切口时会自动认为"一定是被什么东西遮住了"，于是脑补出了圆形的遮盖物。

【**颜色的视错觉**】

■ 网格块错觉

方块b与a颜色相同，但有c的对比，加上c和b会形成阴影，所以更暗一些的固定观念，让人觉得a和b的亮度不同。

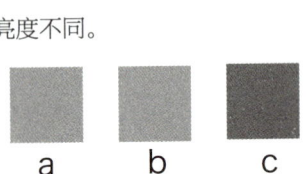

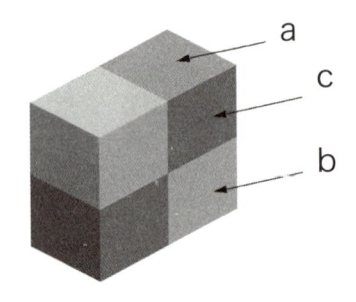

■ 马赫带

相互接触的颜色之间会彼此影响，因此亮色一侧的分界线看起来更亮。亮色部分和暗色部分看起来就像是颜色涂抹不均匀似的。

■ 瓦萨雷里错觉

将亮度不同的正方形重叠放置在一起后，出现了十字星的形状。这是由于重叠密度较高时，图案颜色浓淡的对比所造成的明暗的视错觉。

视错觉真有趣呀！

- 110 -

第 4 章

恋爱心理学

左右恋爱感情的究竟是什么

对方

自己

恋爱？

接着介绍与恋爱有关的心理效应

　　恋爱是人在生活中不可或缺的表现。作为能左右人生的重要感情，恋爱与各种心理效应紧密相关。吊桥效应这类心理效应已经广为人知，接下来我们介绍能加深恋爱感情的黑暗效应，以及结婚的人必须了解的SVR理论等各种心理效应及理论。

吊桥效应

大 心理效应

大 个人差异

大 男性效应

处于性兴奋状态或某种生理性兴奋状态时与异性相处，容易对该异性产生好感。比如当身处高处的吊桥上心跳加速时与异性相处，很容易将这种紧张下的心跳加速误以为是恋爱的心动，而大脑也会将这种身体反应误判为对该异性的魅力产生了反应。

高处好可怕啊……
怦怦

一定是因为遇到的人很棒！
怦怦

这种心理被称作吊桥效应，是对男女都有效的效应，但男性更容易受其影响。只是在当事人毫无感知的情况下还有很多变数，我们也很难利用问卷调查等抽取数据，且每个人的反应大小差异很大。

实验

加拿大心理学家达顿和艾朗在数十米高且摇晃的吊桥上和离小溪1米高的牢固小桥上分别进行了实验,让18到35岁的男性过桥,并在途中让一个富有魅力的女性委托他们做问卷调查。男性们被告知"今后想知道问卷调查的结果,可以拿到该女性的电话号码进行咨询"。其结果显示,在摇晃的吊桥上为了拿到电话号码而接受问卷调查的人占压倒性多数。

该结果的产生被认为是大脑误将恐惧的心跳当成了恋爱的心跳。虽然也有人认为该实验的根据不够充分,但熊猫老师也做过类似实验,确认大脑的确存在误判行为。

熊猫老师所使用的技巧性心理术

虽然名为吊桥效应,但吊桥在日常生活中并不常见,邂逅异性的机会也不多。事实上我们可以利用恐怖电影,或者年轻人可以利用游乐园的云霄飞车,年长者则可以利用高塔或高层大楼等实现同样的效果。有时该效应的产生需要一定时间,所以不要为急于拉近距离而做出轻率的行动。

关联效应

→雪场效应

扎荣茨效应

随着见面和交流次数的增加，我们会逐渐对一开始毫无兴趣的对象产生好感。这种效应以写出该论文的心理学家的名字命名，叫作扎荣茨效应，又称其为纯粹接触原理、纯粹接触效应。

对于既不喜欢也不讨厌的人，随着接触次数的增加，容易对其产生好感

对于讨厌的人，无论接触多少次，该效应都不起作用

男性容易从女性的外表等因素在初期阶段产生"喜欢"或"讨厌"的感觉，而女性在初期接触时不容易对男性产生好感。从这种意义上来说，该效应对女性更为有效。不过扎荣茨效应对讨厌的对象不起作用，过度接近反而会增加厌恶感，这一点要多加注意。

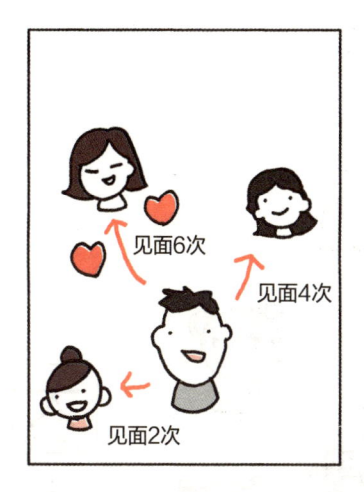

实验

美国心理学家扎荣茨做了个实验，通过给实验者多次观看人的照片来观察其好感变化。当大学生随机观看异性照片时，观看该照片的次数越多，越会对照片中的人产生好感。即使个人对异性的长相有偏好，但多次观看同一张照片后仍然会对其产生好感。将照片换成真人后所做的实验结果也一样。可见，人只要单纯地多次接触就容易对别人产生好感。

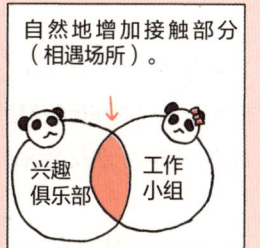

见面6次
见面4次
见面2次

熊猫老师所使用的技巧性心理术

尽量多在喜欢的人跟前露面，
你好

自然地增加接触部分（相遇场所）。
兴趣俱乐部 工作小组

如果你有想交好的人，那么请"尽可能频繁地接触"。如在学校就进入同一个小组，在公司就跟上对方的上班时间，总之尽量与对方碰面。也许有人怀疑"这么简单也行？"，但它确实十分有效。不过，刻意尾随等行为会产生反效果，重点是要自然地碰面。一旦对方认为你举止诡异请立刻停止，因为再继续下去会惹人厌恶。

关联效应
→曝光效应　→接近的原因　→熟悉性定律

邻近效应

即使从学生成为社会人士,人们依旧会按各自喜好形成趣味相投的团体。形成该团体的都是自己身边的人,因为人习惯于交好周围的人。这不仅适用于朋友关系,也同样适用于异性。这就是所谓邻近效应。

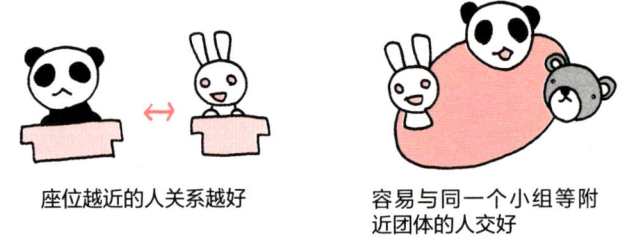

座位越近的人关系越好

容易与同一个小组等附近团体的人交好

在大学里,同专业的比同学院的关系更好,同班的比同专业的关系更好,邻座的人比同班的人关系更好。在公司里,我们也更容易与同部门、邻座的人交好。因此,如果你对某个异性有好感,可以以自然的方式靠近对方。

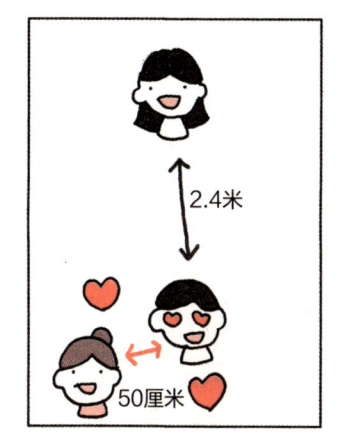

实验

美国心理学家凯恩做了一个实验，让男性与身边的女性以及稍远处的女性聊天，观察他会对哪位女性更有好感。实验时，该男性同时与离自己50厘米和离自己2.4米的女性说话，结果男性对距离自己50厘米的女性产生了好感，该女性同样也对他产生了好感。美国心理学家费斯汀格对多户公寓中住户的好感度和住宅距离之间的关系进行了调查，发现他们和邻居，或者不同楼层但距离更近的住户关系更好。

如果想与喜欢的异性交好，那么以自然的方式靠近他身边是关键所在。人与人之间的物理距离虽然很重要，但介入自己与他人之间的"人数"也非常重要。费斯汀格的实验表明，在多户公寓中，可能几十米范围内住着许多人，近邻的感觉会变淡。而在乡下，即使家与家之间相隔500米，只要中间没有别人，那么彼此就会将对方视作近邻，从而交好。所以比起物理距离的接近，意识到自己处于第几位的近距离更为重要。

关联效应

→曝光效应　→远距离恋爱定律　→扎荣茨效应

→私人空间

熟悉性定律

> 我们每天和公司同事或学校友人见面时，会得到诸如"他原来喜欢这个""他原来不擅长那个"等有关他人的兴趣、嗜好、生活态度、假日休闲方式等各种信息，而后就会慢慢对此人产生好感。

见面机会越多，我们越容易对其产生好感，同时随着深入了解对方，对其好感度也会提高，这就是熟悉性定律。其效果对女性特别有效。因为女性在恋爱中尤其重视"安心感"这一感觉，所以越了解对方越能增加安心感（但也可能存在被神秘气质的男性吸引的心理）。

促进恋爱的三大效应
· 扎荣茨效应（经常碰面）
· 邻近效应（位于身边）
· 熟悉性定律（深入了解）

其实我……
原来是这样啊！

研究

从心理效应的角度来考虑恋爱关系发展的王道，就是经常碰面（扎荣茨效应）、在群体中对身边的人产生好感（邻近效应），以及通过深入了解来增加好感（熟悉性定律）。这就是促进恋爱形成的三大效应。此外，勇于打开心扉的自我表达也能对恋爱关系的发展产生作用。利用以上效应，能迅速缩短与对方的距离。

熊猫老师所使用的技巧性心理术

销售活动中尽量与客户见面。

送上带有自己照片的明信片或信笺也很有效。

该定律也能作为商业小技巧来使用。销售员或卖家可以通过增加单纯接触次数来让客户了解自己或了解店铺，从而对销售产生积极效应。一个简单的方法就是寄送带有自己照片的信笺，并且尽可能手写，因为手写的文字对于传达善意特别有效。现在在一些聪明的网络店铺购物时，人们会收到与商品配套的手写感谢信。大家也请将自己的近况（店铺近况）和感谢的心情写在信中传递给顾客试试吧。这种附带了感情的信息能有效催生熟悉性定律。

关联效应
→曝光效应　→邻近效应　→扎荣茨效应　→自我表达

- 119 -

罗密欧与朱丽叶效应

在恋爱关系中，受到一定阻碍的男女比一帆风顺的男女更容易对外形成牢固的防线，这就是所谓的罗密欧与朱丽叶效应。当彼此喜欢却遭遇阻碍时，会产生被迫分离的被压迫感，该心理效应就会激发人更强的恋爱感情，以此来克服障碍。

例如，父母反对等障碍并不会改变恋爱心理，反而会激发恋爱情感的进一步高涨，以此来跨越该障碍，并且跨越障碍所产生的动力还会被误认为是爱情的深度。

恋爱满意度的调查

遭遇阻碍的情侣……

↓

满意度更高

调查

心理学家德斯考尔和李·佩斯对140组情侣进行了关于恋爱满意度的调查，其结果显示，双方父母越是反对两人的关系，彼此之间的恋爱满意度越高。该结果被认为是恋爱越是在困难状况下越能燃起爱火，于是被命名为"罗密欧与朱丽叶效应"。《罗密欧与朱丽叶》是莎士比亚的戏剧，讲述了14世纪意大利两大世仇家族，一个家族成员凯普莱特女儿朱丽叶与另一个家族成员蒙太古儿子罗密欧坠入爱河，最终以悲剧收场。

熊猫老师所使用的技巧性心理术

对恋爱关系难以有所突破的对象……

刻意设置障碍

情敌

妨碍者

既然有障碍更能促使恋爱发展，那么刻意设置障碍的战略也是有效的。对恋爱关系迟迟难有突破的对象表示"出现了情敌""父母反对"等难以凭自己的努力克服的困难，就会产生"这可不妙"的念头，从而促使其在恋爱中更进一步。不过经由罗密欧与朱丽叶效应结合的情侣需要更加注意今后的应对，因为一旦障碍消失，人很快会注意到自己真实的感情，所以过后的维持才是关键所在。

关联效应

→卡里古拉效应　→远距离恋爱定律

滑雪场效应

人们通常会和身边的人谈恋爱，但同时也会在旅游地等度假的地方被邂逅的异性吸引。比如你是否曾觉得某个在滑雪场遇到的异性特别有魅力呢？这种心理效应被称作滑雪场效应，许多滑雪爱好者都熟知该效应。

滑雪练习场的男性看起来特别迷人

女性看起来也比平时更加美丽

当女性为自己的滑雪技术感到不安时突然出现一个帮助自己的异性，她眼中的该异性会比实际更具魅力。此外，由于男性有根据女性的体形来形成初始印象的认知倾向，所以滑雪服的艳丽色彩及瘦身的设计等外在因素都会激发男性的热情。

滑雪场效应的相关因素

男性
· 滑雪、滑板运动的水平
· 温柔

女性
· 服装
· 外形

调查

　　男女在滑雪场被异性吸引的要点有少许不同。据网络营销公司所做的市场调查来看，产生滑雪场效应的相关因素中，女性关注男性滑雪或滑板运动的水平，以及受到帮助时男性的温柔程度，而男性则关注女性的服装等外在因素。如果想利用滑雪场效应，那么女性应当注意自己的服装，男性应当提升滑雪技术水平。

熊猫老师所使用的技巧性心理术

堪比专业打光的光线能让女性看起来更美，
←太阳光
←反射光

晴天也是关键。
再等等吧

　　女性可以在喜欢的男性面前故意表现出不会滑雪的样子，因为男性对于柔弱的女性会产生保护欲。此外，该效应也受雪地这一白色背景及阳光反射的影响。这种光线能让人的脸看起来更美，和专业摄影打光一样，所以选择晴天也很重要。还有就是要设置时间，因为"只有在某个时间之前才有机会"的强迫性时间观念能有效地促进恋爱发展。

关联效应

→晕轮效应　→初始效应　→意外性效应　→接触效应

SVR理论

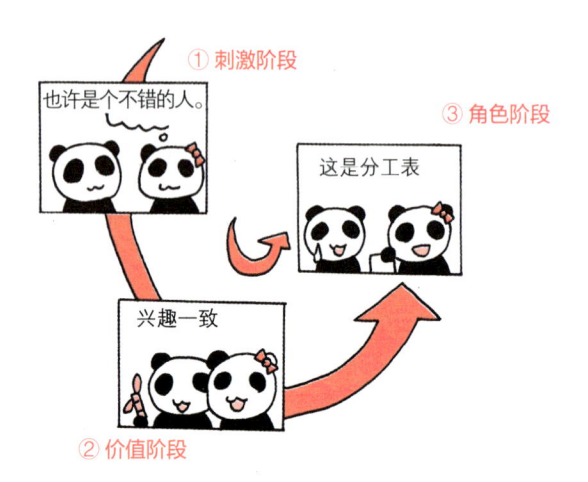

要了解从恋爱到结婚的完美模式，只要弄清心理学家默斯特因的SVR（Stimulus Value Role）理论的三个阶段即可。

① 刺激阶段（Stimulus）

最初相遇时，外貌、行为和性格是很重要的。我们此时处于会被外貌或行为等外部刺激所吸引的阶段。

② 价值阶段（Value）

相遇后开始交往的两人进入发展阶段。此时彼此之间的共同行动增加，因此兴趣爱好和价值观相似就变得重要起来了。这是拥有互相认可的价值观后成为真正恋人的阶段。

③ 角色阶段（Role）

随着关系的进一步发展，不仅需要相似的价值观，更要重视彼此之间的责任分担。通过互相弥补不足来完善两人之间的关系后，就可以迈向婚姻了。能够分担责任并实现互补的关系是关键所在。

关联效应
→扎荣茨效应　→邻近效应　→熟悉性定律

柯立芝效应

中	心理效应
大	个人差异
大	男性效应

> 认为自己老公男性功能不足所以不会出轨的女性是放心得太早了。男性具有一旦发现新的喜欢的女性就能很快恢复性需求的特性，这就是柯立芝效应。

男性与特定对象长期交往会导致性功能低下

换成其他对象可以迅速恢复

　　该效应来源于一个笑话，美国第30任总统柯立芝在造访养鸡场的时候看到每天换母鸡交配的公鸡后，让鸡场主将此事转告给自己的夫人。由于男性为繁衍子孙而具有与尽量多的对象交配的本能，所以特定的对象难以满足该本能，从而导致包括性行为在内的相关行为低下。

关联效应
→扎荣茨效应　→邻近效应　→熟悉性定律

黑暗效应

| 中 心理效应 |
| 中 个人差异 |
| 大 女性效应 |

在黑暗中有时我们会与身边的人迅速建立亲密关系。暗处会带来不安感,尤其是女性会产生亲近欲望,因此在黑暗中很容易对身边的男性产生好感,这就是黑暗效应。

如果在黑暗中看到光线,该效应的效果可能会更强

如果在黑暗中加入明亮的光,效果会更强。比如点燃篝火会让同伴之间产生不可思议的一体感。此外,烛光摇曳的昏暗酒吧或烟花大会也对促进与异性的关系具有特别的效果。

关联效应
→亲近需求

择偶资本力效应

大 心理效应

大 个人差异

大 女性效应

不少女性喜欢高收入的男性，但这并不说明女性爱慕虚荣。女性从本质上强烈希望获得"稳定感"，而她们为了生产、育儿经常不得不放弃工作，因此需要一个能提供住所、食物及安定生活的配偶，这是近乎本能的需求。

不仅人类具有这种原始的本能，其他生物也一样。收入和资产丰厚的男性能在金钱方面提供稳定的生活，所以不少女性偏爱资产丰厚的男性，这种倾向被熊猫老师称为择偶资本力效应。

关联效应
→损失回避倾向

小恶魔效应

中 心理效应
中 个人差异
大 男性效应

与女性偏爱具有"稳定力"的高收入男性相反，男性具有受女性"不稳定"的魅力所吸引的心理。对于善变的女性，即使男性的显意识觉得"麻烦"，但潜意识觉得十分刺激。这就是小恶魔效应。

即使讨厌被玩弄

不少男性仍然会被对方吸引并想守护她

男性对比自己弱势的女性具有"保护欲"，因此会保护处于不安定状态的女性（也有人认为这与支配欲有关）。此外，小恶魔型的女性所独有的神秘感也能促使追求刺激的男性采取行动。

关联效应
→择偶资本力效应　→SVR理论　→意外性效应

意外性效应

你还真可爱呢！

他居然有这样的一面……

中 心理效应

大 个人差异

> 人类本性是追求安心感的动物，比如当你和别人聊天时，往往会先想象对方会如何回答。但如果此时得到出乎意料的答案，反而有可能会觉得愉快并被对方吸引。这就是意外性效应，或者被称为反差效应。

上啊！

平常老实稳重的人在工作中敢于突破

好累呀

展现孩子气的一面反而让人意外地具有吸引力

例如，平常看似不可靠的男性在遇到危险时展现出男子气概，或平常工作中行事果断的女性做得一手好菜，都能触发该效应。意外性效应有时也会产生负面效果，但总体仍然是积极的意外性占压倒性优势。

关联效应
→小恶魔效应

镜像效应

心理效应 大

个人差异 中

模仿别人的姿势、动作、表情后，被模仿者会下意识地感到愉快，这就是镜像效应。人具有会被类似自己的人所吸引的特质。有效利用该效应，就能有意识地形成"志同道合的群体"。

最简单的方法就是对方笑的时候一起笑

或者配合对方的说话速度，以此提高好感度

该效应包括配合对方大笑的简单运用，也包括配合对方说话速度的复杂运用。此外，除了模仿姿势和动作之外，模仿对方的兴趣、饮食、生活习惯等也能提升好感度。

进行模仿的人好感度为 73%

不模仿的人，好感度为 65%

实验

美国心理学家坦尼娅·查特兰曾做过一个测试好感度的实验。实验中两人为一组，让组中的一人模仿另一人的姿势或动作，对另一人则不做任何要求。15分钟之后，对小组中另一人进行好感度调查，得出的结论是：进行模仿的人，好感度为73%；不模仿的人，好感度为65%。此外，日本电视台的实验表明，当男性与初次见面的女性聊天时，模仿该女性的动作与不模仿相比，前者留下的印象好感度是后者的2~3倍。

熊猫老师所使用的技巧性心理术

配合对方的动作，自然地笑。

对方喝饮料的时候自己也喝，尽可能地配合对方的说话速度。

使用镜像效应能加深别人对自己的印象，并且无意识地使用更为有效。作为小技巧，它还有一些不为人知的妙用。大家可以在和喜欢的人一起吃饭时自然地模仿对方的动作，比如他喝水时你也喝水，他说话时打手势那你也打手势，尤其要注意配合对方的表情。这种简单的模仿就能提升对方对你的好感度。此外，尽量配合对方的说话速度，当然，表现自然是关键所在。

关联效应

→潜在意识　→同步行为

远距离恋爱定律

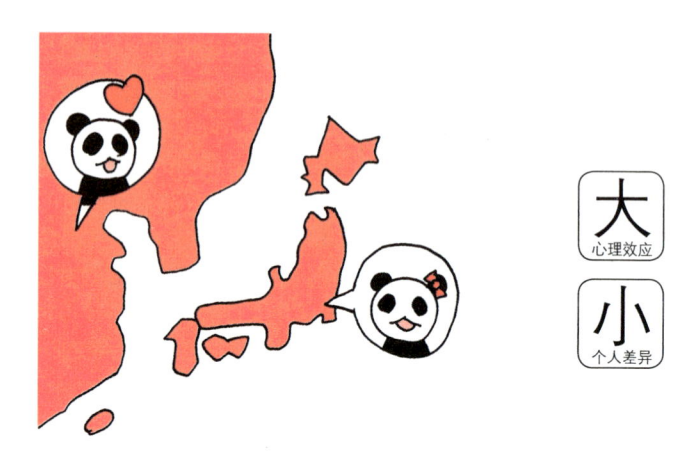

大 心理效应
小 个人差异

虽然障碍能刺激恋情，但也存在不可逾越的障碍，这就是物理上的"距离"。美国心理学家柏萨德对居住在费城的5000对已订婚情侣进行了调查，发现到领取结婚证阶段，有12%的情侣住在同一个地方，33%的情侣位于可以步行到达的地方。

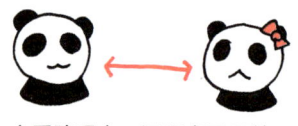

恋爱障碍中，远距离属于特别的障碍

远距离对于情侣关系具有极强的危险性

可见，在男女关系中，"物理上的距离越近，心理上的距离越短"，这就是远距离恋爱定律。而且已经订婚的情侣如果相隔一定距离，则更难走入婚姻殿堂。远距离可以说是恋爱障碍中最危险的因素之一。

关联效应
→邻近效应　→罗密欧与朱丽叶效应

自我肯定需求

如果想和喜欢的人之间的关系更进一步，夸奖对方是很有效的方法。人都有希望别人认可、夸奖自己的自我肯定需求，即使觉得只是客套话，也希望听到别人的夸奖。

人很容易对让自己满足该需求的对象产生好感。即使是表面上对夸奖表示谦逊的人实际也希望得到赞美，所以在别人谦虚地说"哪里哪里"时，一定要更进一步地夸奖。此外，夸奖的方式也很重要，具体可以参考增减效应。

关联效应

→增减效应　→认可需求　→亲近需求

接触效应

大	心理效应
中	个人差异
大	男性效应

在便利店不小心碰到女性店员的手时，部分男性可能会为此心动并对其产生好感，这就是由接触效应产生的对异性的好感倾向。不过该效应触发时的男女要点不同。

男性为了亲近女性会想接触对方

女性在与男性关系亲近之后，才会想接触对方

男性会通过与异性的接触来发展恋爱关系，认为接触是发展的机会。女性却认为恋爱关系确定之后才能进行身体接触。这种思维机制的不同可能会导致男性出现性骚扰行为，需要多加注意。

关联效应
→邻近效应

第 5 章
经济心理学

从心理学角度来看经济是很有趣的

¥10000

¥5000

¥1000

接下来介绍各种与金钱相关的心理

哦~

　　心理学在人际关系、自我理解、恋爱等领域已经被广泛利用，本章将介绍与"金钱"有关的心理。为什么想回避损失的人远多于想得利的人？为什么在居酒屋的"松竹梅"套餐中，人们总是倾向于选择正中间的套餐？为什么人们会采取这些行动呢？本章介绍的是经济领域中人的心理动机及效应。

损失回避倾向

| 大 心理效应 |
| 大 个人差异 |
| 大 女性效应 |

比起得利，人们更倾向于回避损失。比如试想一下当你被告知下个月薪水突然"上涨一万日元"时的心情，你应该会因为突如其来的加薪而开心吧。再试想一下当你被告知下个月薪水突然"降低一万日元"时的心情，一定会很伤心吧。那么，这两种情绪的大小是否一样呢？

降薪的打击巨大……

据说，降薪的悲伤比加薪的喜悦大2.5倍

　　大多数人都是"降薪一万日元"带来的悲伤情绪占压倒性地位。这是由于在人的思维中，回避损失的倾向更为强烈。换言之，就是损失回避倾向产生了强烈作用。该倾向在老年人中更为突出，且女性比男性更明显，最近在十几岁到二十几岁的年轻人中也广泛起效。

实验

芝加哥大学的约翰·李斯特教授在教员团队的配合下做了一个实验。他将教师们分为两组，A组教师的学生先支付4000美元的报酬，到年度末，学生成绩提升越高则教师返还学生的金额越少。B组教师的学生则是到年度末，如果成绩提高，则向教师支付报酬4000美元。

实验结果表明，A组教师的学生成绩提高了10%，而B组教师的学生成绩没有提升。从该结果来看，李斯特教授认为教师出现了明显的损失回避倾向。

A 预付款 未达成目标则退款 → 学生成绩提高10%

B 后付款 达成目标后支付 → 学生成绩不变

熊猫老师所使用的技巧性心理术

约定先支付报酬，未达成目标就退款。

才不要退钱呢！ 好努力呀！

一般而言，我们的奖金都是根据业绩支付，但如果有效利用损失回避倾向的话，可以模仿上述实验，先行支付奖金。制定未达成目标就退款的条件，人必然会拼命努力，因为到手的东西要还回去是非常痛苦的事。该倾向不仅可用于公司，也可应用在家庭生活中。

关联效应

→持有效应　→纸币效应　→松竹梅效应　→协和效应

持有效应

这个很值钱　不见得　普通而已

大 心理效应

大 个人差异

大 男性效应

> 美国某大学进行了一项实验，调查人对自己所有物的价值定义。他们将学生分为两组，送给其中一组印有大学徽标的杯子，然后问拿到杯子的人"多少钱肯卖掉杯子"，同时问另一组没有拿到杯子的人"肯出多少钱买下杯子"。

愿意卖掉杯子的人平均卖出价为5.25美元

愿意买下杯子的人平均购买价为2.75美元

得出的结果是，持有者平均卖出价为5.25美元，未持有者平均购买价为2.75美元。我们对于持有物会产生"我持有的东西具有价值"的心理，从而出现抬高所有物价值的倾向，这就是持有效应。

300日元的彩票多少钱肯卖？

彩票

女性平均出价830日元
男性平均出价1326日元

实验

"如果转让300日元的彩票，出价多少你愿意卖？"熊猫老师对659人提出了这个问题，结果转卖的平均价格是1180日元。该价格的详细内容包括现实价值500~1000日元（包括购买价格，以及考虑到转让后有可能中奖的情况而附加的金额）。购买价格与转让价格之间有3.9倍的差距。此外，女性平均出价830日元，而男性平均出价1326日元，差异也十分明显，可见持有效应可能对男性更为有效。

熊猫老师所使用的技巧性心理术

送这套漫画书里的一本给你。

总觉得它挺值钱，舍不得扔啊，看来只能凑齐全套了。

有些商业服务就利用了持有效应，以"初次免费""初次减价"等方式赠送商品或服务的一部分（或折扣）。比如将值得收藏的东西的一部分赠送给顾客，从而产生持有效应，使顾客错以为它具有极高的价值，由此，之后的系列即使价格再高，顾客往往也愿意花钱。该效应对"系列书籍""不同颜色都要收集的商品""不同功能都要收集的商品"等类型的商品销售战略都很有效。

关联效应
→损失回避倾向

零头效应

2000日元 → 1980日元

大 心理效应
小 个人差异

价格的不同表现方式会让人产生廉价或昂贵的不同感觉，其中具有代表性的就是1980日元。这被称作零头效应，是能够提高消费者购买欲的心理倾向。将2000日元降低为1980日元折扣仅为1%，但进入1000日元档之后就会让人觉得"便宜"。

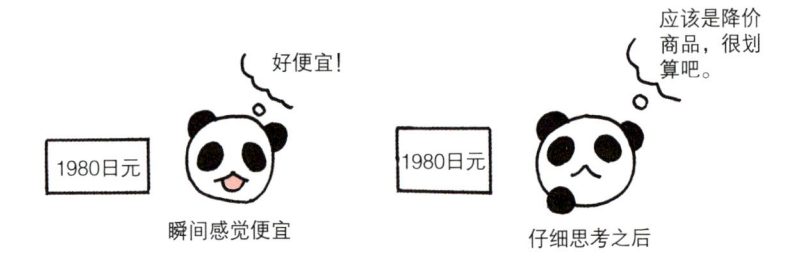

1980日元 — 好便宜！
瞬间感觉便宜

1980日元 — 应该是降价商品，很划算吧。
仔细思考之后

并且非常规的价格表现也会让人期待性地预测它"肯定是降价商品"，很容易觉得有折扣，瞬间认为该商品"便宜"。

> 日本人喜欢数字"8"
>
> 体贴地避免了极限数字
>
> 喜欢"98"的发音
>
> 扇形的"八"在日本文化中比较吉利

研究

零头效应带来的"便宜"错觉是世界共通的，不仅在日本，在美国商店，以及欧洲各国的市场都在利用该效应，不过各地的表现方式有所不同。海外常用"1.99"等表示法，但日本则大多用"8"或"80"做最后的数字。因为日本人对声音比较敏感，而"198"中的"8"的日语发音具有一定韵律，既好听又便于发音。另外，考虑到"9"这个数字也许会给人带来极限感，所以使用更为周到的"8"也比较符合日本人的风格。还有就是汉字的"八"呈扇形展开，在日本文化背景中也是吉利的象征。

熊猫老师所使用的技巧性心理术

促销会场

折扣　降价33%　好便宜！

这种零头效应不仅能让人觉得有"折扣"，还能让人对数字产生增效的心理效应，比如"折扣率"。在"折扣率"上，要尽可能让人觉得商品廉价，但"率"则是看起来越高越有效。"折扣率32%、33%"就比"30%"有更强的"折扣"。因此在零头的表现方式上多下功夫，就能让数字给人的感觉完全不同。

关联效应

→框架效应　→锚定效应

当前偏性

再等1年会追加利息，追加多少利息能让你愿意等1年？

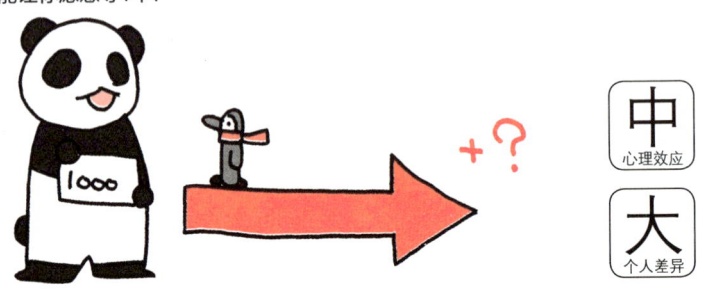

中 心理效应

大 个人差异

"现在你能拿到1000日元，不过如果再等1年的话会追加利息，追加多少利息能让你愿意再等1年拿这1000日元？"1000日元？3000日元？5000日元？可能也有人认为应该给1万日元的红利，每个人愿意等1年的金额大有不同。

100日元

戈本是稳重型的。

我是稳重的企鹅。

利息金额不高就不愿意等的人是更重视当前价值、认为未来的1000日元会贬值的人。这种人更优先考虑眼前利益而非将来可得的利益或能达成的目标，而该倾向被称作当前偏性（当前志向偏性）。当前偏性较强的人属于难以存款的类型，也是会将假期作业留到最后完成的类型。

关联效应
→维持现状偏差

维持现状偏差

换成新手机会便宜一些。

但、但是我有点怕改变。

中 心理效应

大 个人差异

> 手机或互联网服务提供商等经常提供新的收费方案，但真正换成便宜方案的人很少。人之所以不会积极利用便宜方案，是由于维持现状偏差产生了效果。

兔子套餐 每月1000日元

简易套餐 每月800日元

的确是要便宜一点。

但选项和邮件方案也太复杂了…能不能行啊……

所谓维持现状偏差，就是指明知改变当前环境或方案就能得到收益，却对变化有所不安，宁可选择维持现状的思维模式。比如以"手续太麻烦了"等理由为借口，说服自己将事情往后推。到餐饮店永远点同样的东西也是基于该效应。

关联效应

→当前偏性　→损失回避倾向

纸币效应

欢迎光临！

只有一张1万日元了，怎么办……

中	心理效应
中	个人差异
大	女性效应

当你口渴时，钱包中只有一张面额1万日元大钞，你会毫不犹豫地走进便利店买饮料吗？这种情况下，人们往往不愿意钞票找零，许多人会一直忍耐到还需要购买别的什么东西时。

要花费面额1万日元的钞票啊……

有种钱纷纷离我而去的恐惧感

虽然很少有人抗拒零钱，但当持有1万日元的面额后，这种不愿意花费大钞找零的心情就十分强烈。并且一旦花费大钞，节约之心也会放松，钱就很容易花掉了。这也是"不愿受损"的损失回避倾向之一，熊猫老师将其称为纸币效应。

男性相对而言会更爽快地使用

女性往往舍不得使用

实验

某电视节目曾做过一个实验来调查人究竟有多讨厌花费大钞。实验内容是观察在健身房慢跑后口渴的男女是否会用1万日元面钞去买150日元的运动饮料。以钱包里只有1万日元的状态参加实验的男性都在休息时间爽快地花费1万日元大钞买了饮料，但另外4个女性则全部放弃了购买。女性中甚至有拿出了钱包看着饮料犹豫半天，最后还是选择了忍耐的人。从实验可知，对于花费1万日元面钞，女性比男性有更强的心理障碍，也就是说女性比男性更具有损失回避倾向。

熊猫老师所使用的技巧性心理术

只有大额钞票了……

让我来！　王子！

该效应的男女差别很大，部分男性甚至难以理解这种心理，但有效利用它能让男性与女性的关系更进一步。如果你有喜欢的女性，那么请在付钱时多加留心，即使是AA制也可以利用不让女性使用大钞来增加好感。单纯的"我请客"固然不错，但当女性要用万元大钞购买小东西时默默拿出零钱更能给她留下好印象。仅需很少的零钱也能得到极大效果。

关联效应

→损失回避倾向　→维持现状偏差

替代报酬

减肥……

心理效应 中
个人差异 中

> 我们身边有许多会对我们的坏习惯起助长作用的东西。比如当你想减肥时却发现上下班或上下学途中有便利店或快餐店，有了让自我控制成为难事的环境。想健康减肥却很难立刻见效，所以也就无法坚持减肥。

洁齿剂也可以称作替代报酬之一，因为比起效果……

让人感到清爽的心情才是刷牙的报酬

这时我们以替代报酬的思维去考虑问题就可以得到很好的效果。在起效时间较长的情况下，我们将其替换为短期报酬。比如无须忍耐，只要进行了慢跑就立刻奖励一些能让自己开心的东西，这样一来就很容易长期坚持下去。

将台阶设计成钢琴的模样能提高使用率

实验

大众汽车公司实施了一个项目,通过将乏味的事变得有趣来改变人们的行动。瑞典某手扶电梯旁有一个很少人使用的大台阶,通过该项目,将其重新设计成钢琴的黑键和白键的模样,并且踩上去会发出声音,而后该台阶的使用率增加了66%。此外,在公园设置丢垃圾进去会发出有趣声音的垃圾箱后,丢垃圾的人增加了,收集到了两倍的垃圾。

熊猫老师所使用的技巧性心理术

不再强行忍耐着坚持减肥,

准备替代报酬给自己作为奖励后更能有效坚持。

如果决定运动减肥的话,最好选择自己喜欢的鞋子和衣服。穿着好看的服装所带来的愉悦感也能成为替代报酬之一。建议购买稍微贵一点的优质产品,这样的话会产生不使用就觉得可惜的心情。最后记得短期内就要给自己奖励,这样才能坚持下去。

锚定效应

你知道人类的成人年龄是几岁吗?

23岁

| 大 心理效应 |
| 中 个人差异 |

> 我们很容易被第一眼看到的数字影像影响之后的判断,这就是所谓的锚定效应,也被称为沉锚效应。最初被提示的数字就像沉锚(船锚)一样,我们的思维会被该数字束缚。

12点吗?

锚定效应能作用于任何事物

动物园的休息日是到几号为止?

12号吧?

锚定效应属于效果极强的心理效应之一,但锚定的数字不一定是特别的,有时它就是我们在无意识中设定的毫无意义的数字,并且即使看到多个锚定数字,最初的那个依旧是影响最强的。

实验

美国心理学家卡内曼教授和特沃斯基教授进行过一个实验，他们在实验参加者面前摆放一个写有0~100数字的轮盘，并让他们转动轮盘并写下最后停止时指向的数字。接着询问"联合国加盟国中非洲国家占多少比例？"该轮盘其实只会停在"65"或"10"这两者之一。转动轮盘停在"65"的人的回答平均为45%，而停在"10"的人的回答平均为25%。明明轮盘数字与所占比例毫无关系，但由于提示的数字产生了锚定效应，也就大大影响了参加者最后的推测结果。

熊猫老师所使用的技巧性心理术

与普通的价格显示相比，

利用锚定效应能让人感觉更便宜。

好便宜！

对于车和贵金属等高级奢侈品的价格，我们往往弄不清它是贵还是便宜。这种商品如果一开始设定的价格太便宜，该金额就会成为锚定金额。所以如果要提高销量，最好不要将新商品价格设定得太便宜。如果是在店铺内销售商品的话，将10元的定价用红线划掉，再加上9元的商品价格，立刻会让人产生"便宜"的心理，这也是利用锚定效应的小技巧。

关联效应

→初始效应　→对比效应　→零头效应

框架效应

敌人的陷阱随处可见，战况严峻

A. 逃进丛林能让50人得救
B. 进入山岳地带，得救概率为1/3，战死概率为2/3

如果你是指挥150人军队的队长，会选择哪一个？

大 心理效应
小 个人差异

> 数字的表现方式能改变判断基准。比如假设你是率领150个士兵的军队队长，面对上述问题会在A与B之间做怎样的选择呢？

有50人获救！

获救这一信息将引导你的思维

战死的可能性有2/3。

即使丛林和山岳地带的危险性是一样的，由于表现方式的不同，后者更给人不好的联想

面对上述问题，选择A的人占压倒性多数，而实际上A和B的获救人数一样，不同之处是提出问题的方法，A的"获救"一词让人很容易选择它，而B的"战死"一词则让人想回避。像这种人们面对同一个问题，因描述不同而导致选择不同，就是所谓的框架效应。

给第1组如下选项
A. 该治疗法能救助200人
B. 该治疗法能救助600人中的1/3，但无法救助剩下的2/3

给第2组如下选项
C. 该治疗法会有400人死亡
D. 该治疗法中有1/3不会死，剩下2/3全部死亡

实验

卡内曼教授和特沃斯基教授将实验参加者分为2组，对他们提出同样的问题：一种恐怖的疫病将蔓延亚洲，预计将有600人死亡。为了不让疫情扩大，现在有两种治疗法，请问你们选择哪一种？不给参加者思考的时间，让他们凭直觉回答。其结果是第1组中选择A的人占72%，有趣的是，明明A与C说的是同一件事，选择A应该也会选择C，但第2组中选择D的人却占78%，选C的仅有22%。

熊猫老师所使用的技巧性心理术

这个巧克力有75%的人给出好评。

这个巧克力每4人就有3人给出好评。

买了！

这些效应的效果极强，能有效用于交涉或商业中。我们要避免"容易让人觉得受损"的表现或展示。例如医生说"生存率90%"和"死亡率10%"其实内容一样，但表现方式不同。另外，"5人就有1人"比"20%的人"往往更能强化印象。希望各位能将这些表现方式具体运用于生活中。

关联效应
→损失回避倾向　→松竹梅效应　→确实性效应

松竹梅效应

选竹套餐吧?
好啊

松 1500日元
竹 1000日元
梅 500日元

大 心理效应
小 个人差异

> 我们有时想根据经济情况选择物品往往很难做到。比如居酒屋的宴会套餐或聚会套餐等有"特级""高级""普通"档次，我们大多会选择"高级"。如果是"松""竹""梅"套餐，选择"竹"的心理会占据上风。

太贵的话会惹人不快吧?

味道太差也会让人不高兴吧?

小组吃饭时，认为选择最好的会惹别人不快

认为选择最差的也会惹人不快

在对费用档次进行比较时，人们大多并不会太过深究就选择"正中"的东西，我们将其称作松竹梅效应。最近不喜欢"炫耀"的人越来越多，更倾向于选择对自己无损的实际利益，而处于正中的套餐会给人性价比最高的感觉。

居酒屋卖得最好的套餐

便宜的店
・松2500日元
・竹2000日元
・梅1500日元

竹！

贵的店
・松6000日元
・竹5000日元
・梅4000日元

竹！

实验

熊猫老师对东京和大阪的餐饮店（约100家店铺）的畅销宴会套餐进行了调查，发现只有两种套餐可选的店里，无论是低价还是高价套餐都是正常销量，但一旦加入第3种后，顾客立刻会倾向于点价格位于中间的套餐，这个占比甚至达到了85.7%。

这种选择没有地区差别，也与店铺是否高级无关，顾客大多喜欢选择中间的套餐。

熊猫老师所使用的技巧性心理术

当你想要别人选择某个套餐时，
A套餐 5万日元
B套餐 4万日元
推荐A吧

建议在该套餐上再多加一个选项。
A套餐 5万日元
B套餐 4万日元
C套餐 3万日元
好了

人大多喜欢选择位于正中的东西。所以当你有想推销的商品时，建议多加中间选项。将想销售的商品放在"竹"的位置上，增加上下价格带的商品后，顾客就会自然而然地选择"竹"了。尤其是面向团体的套餐等，负责人本着"不想失败"或"不想被大家非议"的心情，更是会选择居中的商品。对于家人和朋友，我们也可以利用该效应，比如在制订旅行计划时，在自己喜欢的计划上下都设置选项即可。

关联效应

→损失回避倾向　→框架效应

对比效应

你是否曾有过想买昂贵的西装，最后却买了便宜的衬衫或小饰品等其他物品的经历？在看过10万日元、5万日元的衣服后再看1万日元、5000日元的商品，会让人产生该商品价格比实际便宜的错觉，这就是对比效应，它与锚定效应和松竹梅效应有相似效果。

看过高价商品后

再看廉价商品，会让人觉得更便宜

销售员大多都熟知该效应，所以一开始会推荐价格昂贵的商品。这样一来在看到廉价商品时，人们往往会觉得它比实际更便宜。喜欢乱花钱的人最好了解该心理，从便宜的商品看起，以避免无端浪费。

关联效应
→松竹梅效应　→锚定效应

幻想性错觉

总觉得有什么意义呢~

2 3 5 7 8 2 3 9 2
1 3 6 3 9 4 7 3 7
3 8 5 6 3 1 3 4 5
9 2 4 2 4 6 4 9 1

中	心理效应
中	个人差异
大	男性效应

人具有在无意义的信息中寻找含义和共性的心理。比如在《圣经》中寻找暗号、寻找历史事件的关联性等。这种心理在喜欢解谜或寻找规律的男性中尤为突出。我们将寻找关联性称为幻想性错觉（Apophenia）。

2 4 6 4 9 1

找找规律吧。

哎？
拜托你了！

人具有讨厌无秩序且无意义的东西的倾向，总会下意识地寻找某种规律性。在彩票中寻找规律性的行为也是基于这种心理。

关联效应
→库里肖夫效应　→启动效应　→布拉哥南斯定律

默认效应

> 我们被推荐内心认定的物品（初期设定）时，往往很容易就选择它。比如居酒屋的菜单等，我们大多不会比较单品价格，而是选择自认为比较划算的"刺身什锦""烤串什锦"等店家推荐食物。

要逐一比较各种方案实在是太累了

乐观预测推荐品会比较划算，从而决定选择它

这被称作默认效应。人很容易对被推荐的初期设定产生乐观预测，认为它比较划算。与讨厌无秩序、寻找规律性的心理和对任何事物都想进行比较的心理相反，默认效应是服从推荐的心理。人心真的非常有趣呢。

调查

被称作行为经济学第一人的杜克大学的艾瑞里教授介绍了一个默认效应的典型例子。在欧洲，不同国家对死后器官提供的接受度有极大的不同。而接受度较高的国家与较低的国家的不同在于表现其自我意愿的卡片不同。在只有明确拒绝器官提供的情况下才能放弃器官移植的国家，许多人都被迫成为"愿意提供器官移植"的人。

而像日本这样只有以自我意愿进行确认才算同意提供器官的国家，器官提供的志愿者数字则特别低。这就是初始默认的不同造成的。

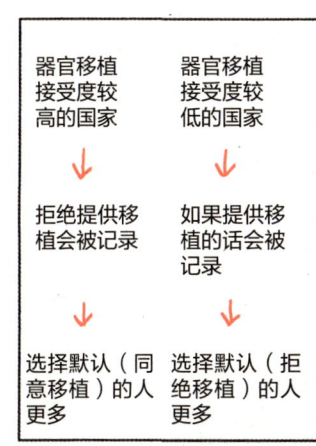

器官移植接受度较高的国家	器官移植接受度较低的国家
↓	↓
拒绝提供移植会被记录	如果提供移植的话会被记录
↓	↓
选择默认（同意移植）的人更多	选择默认（拒绝移植）的人更多

熊猫老师所使用的技巧性心理术

大家一起去旅行吧。

提供各种选项 → 去掉不需要的选项

顾客喜欢则"追加"的销售方法与顾客不需要则"去掉"的销售方法相比，后者的销量具有压倒性优势。该效应告诉我们，最初设置怎样的默认方案对于商业销售是非常重要的。与朋友的旅行计划一样，比起在基本计划中"追加个人喜好"，提供多种方案再从中"删除不需要的东西"能制订更丰富的计划。各位还可以试着在其他事物中应用。

关联效应
→损失回避倾向

簇射效应

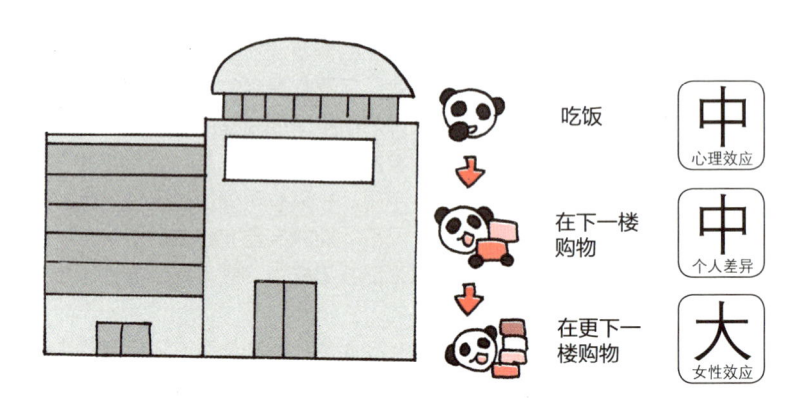

心理效应	中
个人差异	中
女性效应	大

吃饭 → 在下一楼购物 → 在更下一楼购物

百货大楼的楼层和店铺设置是考虑过各种销售战略的。最上层是餐饮店，上层是展销会场，在汇集了参加活动的顾客后，有诱导他们下楼购物的路线。该战略目的是抓住顾客难得逛百货大楼，容易"一不留神就购物"的心理。集聚在一起的人经诱导后会向各自需求的目标行动，这种经诱导后产生的心理效应就是簇射效应。

把具有吸引力的食品卖场集中在地下，形成自下而上的喷泉效果

有实验数据表明，有目的性的人更容易出现回避购买的情况，所以提出目的是很重要的

近年来，多样化的消费需求造成简单的销售结构很难形成充分的簇射效应。如何打造对购买者来说是"目的性场所"的热门店铺，已经成为新的课题。

关联效应
→对比效应　→损失回避倾向

使用可能性

越是容易被人联想到的（受人关注的）事件越是被认为发生的概率较高，并且往往会被认为是重要的事。比如发生恶性案件，人们就会认为社会上都是恶性案件。如果报道飞机失事，人们就会认为乘坐飞机太危险。这就是所谓的使用可能性。

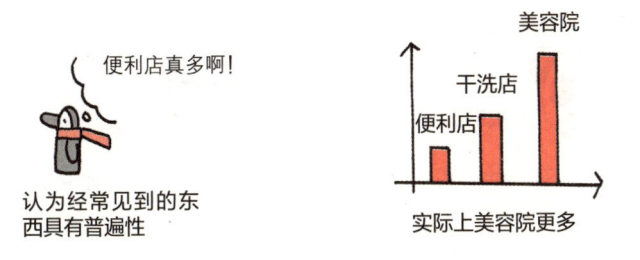

日本的便利店、干洗店和美容院哪个更多？大多数人都会回答"便利店"。但实际上干洗店和美容院都比便利店多。干洗店约为便利店的2倍，美容院更高达4倍。不过由于平常使用便利店的人更多，经常看到店铺、照片和广告，因此就产生了它的店铺数最多的错觉。

关联效应
→代表性

协和效应

> 一旦开始一项大型投资后,可能出现明知会亏损也很难半途放弃的心理。这是由于不肯承认失败且希望情况会好转而做出的判断。该心理被称作协和效应,也被称作沉没成本效应。

继续 停止
↓ ↓
亏损5亿 亏损2亿

明知继续下去极大可能会亏损

继续 停止
↓ ↓
亏损5亿 亏损2亿

一旦投资,在心理上就很难放弃

如果中途放弃能保存更多的利益,我们本应该选择放弃才对,但大多数人很难轻易选择中途放弃。该效应的个人差异较小,属于极强的心理效应之一。容易被该效应左右的人难以成为成功的投资家。

250架才回本

实际上……

16架

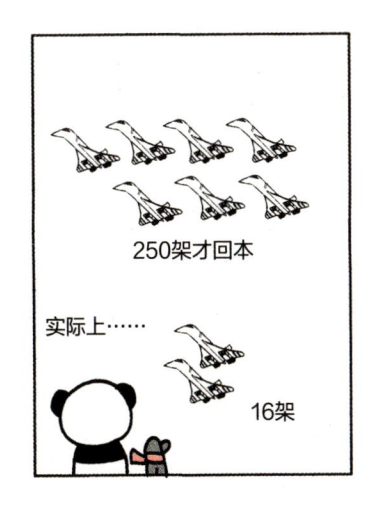

由来

该效应来源于英国与法国共同开发的超音速协和号客机。这种飞机的开发极为困难，需要非常长的跑道，且预算很大，还有很大的噪音，预测很难回本。

但由于已经投入了巨资，计划不能中止，而继续投资又会使亏损进一步扩大。计划生产250架才能回本，但最终仅生产16架。这一明知亏损却不能终止的代表性心理，被命名为协和效应心理。

熊猫老师所使用的技巧性心理术

不要过于短视，花了好多钱。

选择总额不会失败的路才是关键。

进展过程中不要过于固执。

"都投入这么多了，不回本绝不停手"的心理不仅出现于投资活动中，也常出现在赌博与人际关系中。要摆脱这种心理就必须具备"不能成为协和号第二"的坚强意志，不将眼光局限于一次性的成功或失败，要具备能纵览全程、核算总计是否亏损的长远视角。希望大家能战胜自己的软弱之心，拥有"撤退的勇气"。

关联效应
→损失回避倾向

代表性

这个人的工作是:
"图书馆职员?"
"销售员?"

图书馆职员!

大 心理效应

小 个人差异

人们对职业性特征留给自己的印象,往往不会轻易改变。例如,随机选择一个路人,试着判断这个人的职业是"图书馆职员"还是"销售员"。如果这个人戴着眼镜,看起来很老实,那么很多人会认为他是"图书馆职员"。

如果判断为销售员的比例占压倒性优势,那么是销售员的可能性更高

人容易根据形象特点做出判断

从概率上来看,如果判断为销售员的比例占压倒性多数,那么这种打扮的人是销售员的可能性更大,但人容易根据特征性外在形象做出不合理的判断,这就是所谓的代表性。这种代表性在经济活动中往往会引发忽视概率性的误判。

①银行员工

②进行女性解放运动的银行员工

实验

卡内曼教授和特沃斯基教授曾提出一个有名的问题。"琳达是31岁单身女性，能坦率地说出自己的意见且非常知性，大学专业为哲学，学生时代关注社会正义问题，参加过反核武器游行。那么她未来更有可能会选择以下哪一项？"对于左图给出的①②两个选项，约80%的人都选择了②。而"作为银行员工的女性解放运动活动家"其实也包含在"银行员工"中，所以①的可能性更大，但由于有详细描述，给人典型感，所以人们更容易得出②的结论。

熊猫老师所使用的技巧性心理术

当出现大型疫病报道时，受其影响会对预防做出不合理的判断，

这是来自《朝日新闻》。

但务必不能忘记有一定概率的危险性。

注意普通疾病

嗯，洗手去了。

代表性会让人受到代表性特点的影响而对原本的概率做出误判。比如，当海外出现致死率较高的传染病时，人们可能会因恐惧而做不必要的预防，却忘记对其他疾病的预防。实际上比起海外传染病，流感或高血压引发重病的概率更高。此外，当流感暴发时，除菌产品畅销，人们却往往忘记最基础的洗手，总之往往会忘记或轻视在概率上更大的危险性。

关联效应

→刻板印象　→框架效应　→使用可能性

确定性效应

A 切实收到5000日元　　B 10%概率获得60000日元

给你上述A、B两种选择，你会选择哪一种呢？A的期望价值是5000日元，选择它能100%地获得5000日元。但B的期望价值是6万日元的10%，也就是6000日元，选择它会比A多1000日元。（注：此处的期望价值为概率学或统计学中的期望值，是以结果的概率乘以结果的总和）

A比较好！

多数人会选择能切实得到钱的A项

失败的话怎么办？

而无论概率有多高，人总会考虑失败的可能性

594人中有90%的人选择了A。无论B是否有能得到更高收益的可能性，人都会屈服于"确定得到"这一点，倾向于选择略微受损但具有确定性的选项。这就是确定性效应。

关联效应
→维持现状偏差

赌场盈利效应

中 心理效应

大 个人差异

> 从一般的经济性角度考虑，无论以怎样的方式赚钱，赚得的10万日元的价值是不变的。但心理学上认为"不同赚钱方式所得到的金钱"价值大有不同。通过赌博赚的钱被称作House money，House是指赌场。

辛苦工作所得到的金钱与赌资的价值不同

赌资则被认为亏损了也无所谓，很容易被用于各种方面

赌博
投资
挥霍

赌资与辛苦工作赚的钱相比，更容易被挥霍，这就是赌场盈利效应。赌资用于高风险投资或用于挥霍的概率很大。

关联效应
→当前偏性　→损失回避倾向

片面提示、双面提示

这个××很不错。

这个××很不错，虽然有点××。

中 心理效应

大 个人差异

商业场景中有各种交涉的场景。在商品说明的场景下，只告诉对方该商品优点的阐述方式被称作片面提示，而同时提示优点和缺点的阐述方式则被称作双面提示。人们大多喜欢使用只表现优点的片面提示，但实际上巧妙的双面提示更为有效。

有点可疑。

值得信赖。

片面提示

双面提示

尤其是面对聪明的对手时，提示缺点反而更容易得到信赖。当然，对于损失回避倾向较强的对象，片面提示更为有效。提示顺序推荐用优点→缺点→优点。

关联效应
→锚定效应　→初始效应　→损失回避倾向

数量效应

在大金额购物时，一次性付款会让人觉得"太贵"，而分期付款能让人对昂贵的感觉变淡，从而毫无负担地购买。支付金额的大小能左右人的选择和行为，这就是数量效应。

一次性付款觉得太贵

分期付款就不觉得总价昂贵了

我们日常经常遇到打折或送积分的促销手段。打折和送积分这两种促销手段哪一种更能激发购买欲望呢？根据调查，当商品单价较低，折扣率和积分的赠送率也较低时，送积分比打折更能提高销量。

部分强化

许多人都沉迷赌博，而赌博具有吸引力的主要原因之一就是部分强化这一心理效应。它是当某个行为能得到报酬的次数不确定时，反而更能从获得报酬的行为中感受到乐趣的心理。

由于脑内激素分泌，该效应对男性更为有效。根据某大型广告代理店的调查表明，表示喜欢赌博的男性有18.7%，女性仅有3.8%。更有数据显示，沉迷赌博的男性人数是女性的6倍。

关联效应
→损失回避倾向

第 6 章

其他心理效应

从色彩心理学到发展心理学

- 色彩心理
- 发展心理
- 犯罪心理

接下来将介绍各种不同类型的心理效应

　　本章介绍超越普通范围的各种心理效应，包括关于色彩的有趣心理效应、会助长犯罪的心理效应及体育比赛前产生某种效应的行为等，并详解从色彩心理、发展心理、犯罪心理到体育心理的各种不常见的有趣效应。

龙宫效应

中 心理效应

中 个人差异

> 颜色具有不可思议的心理效应，比如有的心理效应能模糊人的时间感觉。当我们看着红色、橙色等暖色系的颜色时，会感觉时间变长，但当我们看着蓝色等冷色系颜色时，会感觉时间变短。

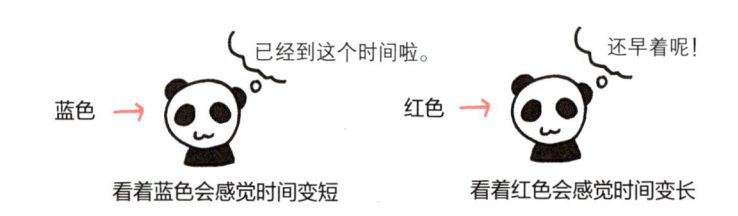

蓝色 → 已经到这个时间啦。
看着蓝色会感觉时间变短

红色 → 还早着呢！
看着红色会感觉时间变长

　　熊猫老师将其称作龙宫效应，名称来源于浦岛太郎的童话。浦岛太郎在被大海的蓝色世界所包围的龙宫中乐不思蜀，等到回去时才发现时间已经过了很久很久。我们身处蓝色之中时，实际时间会比自己感觉的时间快得多。

→ 红色装潢的销售部

→ 蓝色装潢的创意室

研究

企业和大学都对颜色与心理进行了研究，根据目的来使用不同颜色的装潢。有的公司在会客室使用能让人感觉时间更快的冷色系。并且由于冷色系能提高交流能力，激发创造性，所以蓝色装潢可用于讨论新点子的会议室或团体讨论室。

橙色或红色能带动开朗、热情且活跃的气氛，所以销售部等部门比较常用。总之，不用拘泥于白色或灰白色的固定概念，可以在墙壁上实验性地运用多种颜色用以验证效果。

熊猫老师所使用的技巧性心理术

在快餐店等人很容易感到焦躁。

和人碰面最好选择冷色系或沉稳色调的咖啡店。

不少人为了图方便会约人在便利店碰面，但其实便利店并不适合等人，它的装潢目的是提高客人短时间内的满足感并加快客流循环，如果用于会面的话很容易让人感到焦躁。与人碰面最好还是选择冷色系或沉稳色调的咖啡店。

关联效应
→前进色效应、后退色效应 →颜色的重量效应
→颜色的安眠效应

前进色效应、后退色效应

不同的颜色，有的会显得更靠近前方，而有的会显得更靠近后方。看起来靠前的颜色是红色、橙色等色彩亮度和鲜艳度较高的颜色（亮色、艳色），看起来靠后的颜色是蓝色、蓝紫色等色彩亮度和鲜艳度较低的颜色（暗色、沉淀色）。这种色彩效应被称作前进色效应、后退色效应。

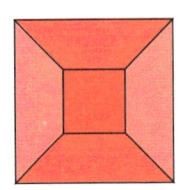

暖色系看起来有向前浮出的倾向

蓝色的车看起来比实际位置靠后

例如，冷色系的房间比暖色系的房间感觉更为宽敞，蓝色和红色的车即使位于同一位置，我们眼中的蓝色车辆要靠后7米左右。有数据表明，由于蓝色车辆给人的感觉比实际位置更远，所以事故率更高。

*该效应不仅与心理效应有关，很大程度上也会受眼睛功能（颜色的曲折率）影响。

关联效应

→龙宫效应　→颜色的重量效应　→颜色的安眠效应

颜色的重量效应

颜色所带来的体感重量也是不同的。如果让人拿不同颜色的箱子，则白箱和黑箱给人的重量感截然不同。有实验表明，100克的黑箱与187克的白箱给人的重量感是一致的。白色在心理上会给人轻的感觉，黑色反之。熊猫老师称它为颜色的重量效应。

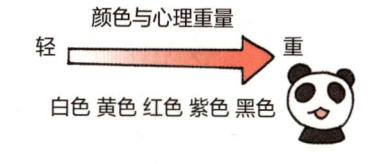

颜色与心理重量
轻 → 重
白色 黄色 红色 紫色 黑色

保险柜最好用黑色

如果将小型保险柜涂成白色的话，会让人在心理上觉得比较轻，便于偷走。选择黑色、深绿色等厚重的色彩在心理学上更为合适。搬家用的纸箱则采用白色更能减少人的心理负担。

关联效应

→刻板印象　→龙宫效应　→前进色效应、后退色效应
→颜色的安眠效应

颜色的安眠效应

蓝色有镇定作用，能促使人平和、冷静，据说还能提高心灵与身体的恢复力，具有减少噩梦的效果；根据血压与色彩影响的实验表明，还具有降低高血压的效果。

蓝色有镇定作用

红色有让人兴奋（清醒）的作用

此外，蓝色睡衣和蓝色被子据说能促进睡眠，具有颜色的安眠效应。建议失眠的人多看或多穿蓝色。相对地，起床困难的人或睡眠过多的人可以穿红色T恤，看红色的东西。

关联效应
→龙宫效应　→前进色效应、后退色效应　→颜色的重量效应

普金耶现象

在明亮的地方，红色被认为是视觉吸引力较高的颜色，更为显眼。但越接近黄昏，红色越不显眼，反而是蓝色看起来更亮，从很远就能看见。该效应以捷克的生物学家普金耶的名字命名，被称作普金耶现象。

红色 ➡ 在亮处，红色更显眼

蓝色 ➡ 当光线变昏暗之后，蓝色的感应度提高

该效应是受眼睛视觉细胞中的杆体影响，在暗适应和明适应的最佳视觉感度出现障碍时所出现的现象。在明亮处红色成为最高视觉感度，昏暗处则转为蓝色。

关联效应
→暗适应　→明适应

幼儿图式

大脑袋、圆脸蛋、大眼睛、小鼻子、五官位置靠下等特征的婴儿脸具有能激发人本能、使人感到可爱的要素。这种婴儿的特质被称作幼儿图式。

面部五官向下集中

婴儿具有许多能激发人类本能、使人感到可爱的要素

　　该特征会刺激人"想保护"的保护欲。这不仅能激励人类养育下一代，还能用于实际社会的商业中。人气角色往往都是幼儿图式，能让人本能地产生好感。此外，动画角色的大眼睛黑眼瞳也是利用了幼儿图式，这样更容易让人本能地觉得"可爱"，从而提升好感度。

精神热身

棒球、排球等团体竞技项目的选手在比赛前经常围成一个圆圈，该圆圈具有让同伴精神统一、提高士气的效果。这就是所谓的兴奋感提升。如果说赛前热身是身体准备的话，那么精神热身就是心理准备，目的是打开战前紧张状态的开关。

围成圆圈能增加团结感，让人进入紧张状态

战争时期呼喊口号也是精神热身

战争时期，士兵们在战前会呼喊号子，这也被认为是精神热身之一。

破窗效应

窗户玻璃破了之后，如果放着不管就会让人认为这栋大楼无人管理，接着就可能会被人涂鸦或不法侵入，导致逐渐荒废。像这样不顾轻微犯罪而导致该地区整体出现犯罪倾向的现象就是破窗效应。

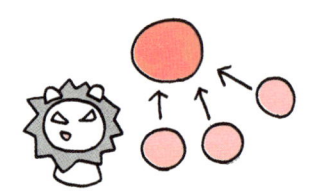

轻微犯罪逐渐演变成重大犯罪　　在出现轻微犯罪时及时防止，就很难出现重大犯罪

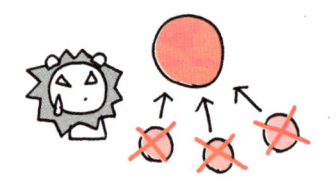

根据这一理论，纽约交通局花了大量时间清除了所有街头涂鸦，而后恶性犯罪大幅减少。汲取了这一成功经验，市长朱利安尼开始彻底打击轻度犯罪，从而有效遏止了犯罪，洗刷了美国最大犯罪都市的污名。

灰姑娘情结

| 中 心理效应 |
| 大 个人差异 |
| 大 女性效应 |

即使长大成人，有的女性却依旧梦想着出现一个宛如王子般的完美男性前来迎娶自己。这种心理就是灰姑娘情结。究其根本，其实是对男性的依赖倾向及不愿失败的强烈损失回避倾向。

本质是对男性的依赖倾向

损失回避倾向

我在婚姻上绝对不能失败。

从小相信女性的幸福由男人决定，将男性视作最高理想却只能步入普通婚姻的主妇往往很容易丧失自主性。在损失回避倾向日益提高的现代，这种女性也在增加。

关联效应
→潜在意识　→损失回避倾向　→个性

彼得·潘综合征

心理效应 大
个人差异 大
男性效应 大

越是强调自己自尊心强，越是可能成为容易受伤的胆小鬼。身体长成了大人，言行举止却还像孩子一样的男性可能患有彼得·潘综合征。

比如这些特点
□喜欢儿童动画
□想永远做个孩子
□责任感淡薄，不懂得感恩
□不接受与自己不同的意见
□对不感兴趣的事基本毫不关心
□对工作多有不满但不努力改善

彼得·潘综合征是美国心理学家基利所提出的个性障碍之一。虽然它在心理学上不算是正式用语，但常用于不想长大的成年人。无责任感、具有强烈的不安感和孤独感是其显著症状，近年来患此综合征的男性有增加的倾向。

关联效应
→个性

罗生门效应

> 拿走香蕉的是熊。

> 是狮子干的。

> 是熊猫拿走了我的香蕉。

大 心理效应
中 个人差异

当发生某件事，多人提出不同见解时，明明真相只有一个，却由于各自见解矛盾而导致难以得出正确的答案，这就是罗生门效应。

那是A → 那是B

无意识地替换让自己不愉快的记忆，且并不觉得自己在撒谎

　　此效应出自黑泽明导演的电影《罗生门》。剧中发生了杀人事件后，对被害者和加害者都进行了取证，但是得到了三种完全不同的证言，导致产生混乱。而所有人都并不是有意撒谎，只是将事实以对自己有利的方式存入记忆，从而出现了这种现象。

　　真实也是因人而异的。

孟乔森综合征

我很努力!
ニャー

中
心理效应

大
个人差异

> 想让工作上的努力得到他人认可或者希望引人注意时，你是否会在熟人面前强调工作的辛苦呢？这种心情进一步发展，就会以装病来博得周围的人或医生的同情和关注。这就是孟乔森综合征。

想让别人认可自己的努力 → ← 想让别人觉得自己可怜

认可需求过强甚至会伤害自己或虐待儿童

甚至有人作为儿童监护人却对孩子下药使其生病，再通过扮演为生病的孩子做出牺牲的母亲来博取同情，这被称作代理型孟乔森综合征。其特点是医学知识丰富且热爱学习，具有医学界人士都难以看透的头脑，利用重病儿童的母亲这一身份来获得周围人的关注，从中得到精神上的满足，这也是虐待的一种。

关联效应
→认可需求

斯德哥尔摩综合征

请加油！

我会支持你的！

大 心理效应

中 个人差异

> 绑架事件或监禁事件的受害者本来应该憎恨伤害自己的犯人，但不可思议的是，有的被害者却会对犯人产生同情或好感，这种症状就叫斯德哥尔摩综合征。1973年斯德哥尔摩发生抢银行事件，当时的人质同情犯人，对警察采取了敌对行动，这一事件也是该效应名称的由来。

· 封锁空间
· 非正常生活
· 紧迫的时间

在特殊情况下会对犯人产生同情和共鸣

受害者与犯人共处于封闭空间（极限状态）中过长时间的非正常生活会引发强烈的共鸣，从而对犯人产生同情等感情。据说日航472号班机事件中，也有乘客对犯人产生奇妙的一体感，表示支持犯人。有说法认为这是由于人在极限状态下会为了做出合理的判断（为活下去而顺从犯人），大脑产生错觉。

耗损综合征

有时原本充满干劲努力拼搏的人会突然泄气，找不到目标。可能大多数人都有类似这样但比较轻微的体验，但这种情形长期持续的话可能会演化成耗损综合征，不仅会浑身乏力，还会引发焦躁、自卑、失眠、头痛等各种症状。

综合征前期可能会有这些反应
- □ 最近经常忘记约定好的事和别人的名字
- □ 感觉到笑的时间减少
- □ 有不想见的人
- □ 感觉到自发性活动减少
- □ 绝对不允许自己超出约定期限
- □ 有头痛、失眠等烦恼

一般我们在达成某个目标后会因为"找不到下一个目标"和"所得报酬不对等"而诱发耗损综合征。有时也会因为达成目标之前压力过大而导致心理出现问题。责任感较强的人会逼迫自己努力，让自己濒临崩溃，其结果就是还未到达终点就迷失了自己。

神之眼效应

> 在这里丢垃圾的话会遭报应吧……

> 虽然我不信神……但也没必要一定得丢在这里吧。

大 心理效应

中 个人差异

在日本，有人在非法乱扔饮料瓶和塑料等垃圾的农道上设置一座神社牌坊后，乱扔垃圾的现象显著减少。在设置监控都难以奏效的情况下，神社牌坊却能立刻见效。那么，为什么会出现这种现象呢？

即使是不信奉神明的人，因为害怕报应，也会在意神的眼光，往往不会在神社牌坊前丢垃圾。

虽然许多日本人都喜欢新年参拜或祈愿，但平常其实谈不上有什么信仰。不乱扔垃圾的人所害怕的只是"报应"。由于选择性地相信神之力，所以针对乱扔垃圾就会产生"万一遭报应就惨了"的心理，总觉得做坏事的时候有谁在看着自己。熊猫老师将这种效应称为神之眼效应。

关联效应
→损失回避倾向

孤立的痛苦

用社交软件或邮件容易让痛苦的感觉变淡

大 心理效应
小 个人差异

人类没有像野兽一样尖锐的爪子和牙齿，也没有敏捷的速度，作为动物而言是非常脆弱的存在。因此我们的祖先选择聚集成团体，彼此相互帮助。这一做法经过无数代的传承，已经深植于人类的遗传因子中，使其亲和性心理较高。虽然存在个人差异，但我们想融入团体的意愿十分强烈，都具有归属需求。

有人会说"就算是被排挤也无所谓"，但这种人其实也有归属需求，本质是渴望融入团体的

极其强烈的需求对应产生的问题是，当无归属感时，被孤立的痛苦也同样强烈。2003年《科学》杂志所刊登的研究表示，"当遭到社会性孤立时，脑部会产生类似身体疼痛的反应"。此外，孤立别人的一方的脑部也同样会产生类似身体疼痛的反应。孤立者与被孤立者都会痛苦。使用看不到对方表情的社交软件或邮件时，相对而言人们不太容易感受到孤立的痛苦。可以将孤立同伴的欺凌视作和肉体性的痛苦一样。

第 7 章
心理学的研究者

谁创造了心理学

最后一章介绍心理学的著名研究者。心理学近年来才被系统性地整理归纳，但心理学工具其实最早可追溯到古希腊时代。据说古埃及时代也有心理学思维起源。本章为提高各位对心理学的认识，简单介绍心理学的主要流派与其研究者。

柏拉图

（古希腊哲学家）
公元前427年—公元前347年

　　心理学是何时诞生的，现在已经很难考证了，但如果将理论性地研究人心视作心理学的开端的话，那么可以追溯到古希腊时代。这一时代的心理学也是哲学。作为苏格拉底的弟子，哲学家柏拉图认为心和身体是不同的东西，人死后心作为理念（本质、真实）会继续流传下去。并且他所理解的现实世界中的概念都是影子。

　　此外，柏拉图还认为理性能控制气概（坚强的心）和欲望。这种思维也被称作灵魂的三重性。

亚里士多德

（古希腊哲学家）
公元前384年—公元前322年

亚里士多德的研究涉及自然学、逻辑学、生物学、心理学、政治学、艺术论，可以说是万学的始祖。传闻他曾担任过亚历山大大帝的家庭教师。他身为柏拉图的弟子，却敢于批判老师的理论，认为现实是客观的。他理性地研究人心，在著作《灵魂论》中论述了从视觉、颜色与听觉等认知角度到被动理性、思考理性等能与现代心理学相通的课题。

勒内·笛卡尔、约翰·洛克

（先天论VS经验论）
勒内·笛卡尔/1596年—1650年
约翰·洛克/1632年—1704年

　　笛卡尔是法国哲学家兼数学家，他提出的实体二元论（身心二元论）认为物质（肉体）与精神（心灵）是独立存在的两个不同个体，这两者没有交集。他还提出"人自出生起就具备超越经验的知识"这一先天论。但英国的洛克则否定了笛卡尔的先天论，提出经验论，认为人类本身是一张白纸（纯洁质朴的状态），自身观念是通过经验的积累而成。

威廉·冯特

（近代心理学创始人）
1832年—1920年

  1879年，冯特在德国的莱比锡大学开设了心理学实验室。很快，他的周围就聚集了欧洲国家、美国乃至日本的心理学研究者。在该实验室诞生了崭新的"心理学"这一学问。冯特以内省法这种手法给实验参加者刺激，并调查参加者的思维。他通过内省法来研究意识，分析心的要素，提出了不同要素构成个人意识的构造主义。

  但冯特的构造主义受到了多数研究者的批判，心理学开始逐渐向20世纪心理学的三大潮流（行为主义心理学、格式塔心理学、精神分析学）靠拢。

威廉·詹姆斯

（意识流理论）
1842年—1910年

心理改变，行为就会改变
行为改变，习惯就会改变
习惯改变，人格就会改变
人格改变，命运就会改变

威廉·詹姆斯在得知冯特的实验心理学后参加了科学性心理研究，1875年在美国第一次设立实验室，将德国的实验性手法用于美国，也因此被称作美国心理学之父。他反对冯特提出的稳定要素的意识感，认为人的意识是与变化的印象和概念息息相关的，提倡"意识流"，强调意识是随时在进化的一系列流动的事物。詹姆斯认为仅从生物学来讨论人的精神状态不够充分，应当深入到哲学领域。

伊万·巴甫洛夫

（经典条件反射）
1849年—1936年

叮当

苏联生物学家巴甫洛夫通过反复进行对狗摇铃并给予食物的实验，发现最后只要摇铃就能让狗分泌唾液。他将这种后天形成反射命名为条件反射。这就是有名的"巴甫洛夫之狗"实验。狗的条件反射、无条件反射实验对行为主义心理学的发展造成了巨大影响，而行为主义心理学则是对人的行为进行客观研究的约翰·华生所提出的心理学。

约翰·华生

（行为主义）
1878年—1958年

华生认为心理学的目的是对行为进行预测和控制，反对以精神分析为中心的非科学性实验心理学，提倡以能够进行客观观察的事物为对象的行为主义心理学。他受到巴甫洛夫的影响，认为行为的单位是由刺激与反应的结合构成。华生甚至极端地认为"人类行动就是肌肉、腺体、内脏的机械性反射"，后来被批判为"无意识心理学"。1921年华生由于外遇问题而无家可归，转而从事广告工作。

西格蒙德·弗洛伊德

（精神分析）
1856年—1939年

作为奥地利的精神医学家，弗洛伊德是精神分析的创始人，也是对现代各领域造成了巨大影响的研究者。他认为人类行为受本人并未意识到的"潜意识"影响，致力于解开心灵构造并将其用于心理治疗。但他的观点不被当时的学会所接受，被视作异端。他将分析梦境作为了解人类潜意识的手段，通过对梦的判断来探究人类心灵深处。在现代，我们将弗洛伊德所提倡的多个学说加以科学依据，作为心理咨询的基础来运用。

卡尔·荣格

（心理分析学）
1875年—1961年

生于瑞士，在苏黎世大学曾担任精神医学家弗洛伊德的助手，后独立发展的荣格深受弗洛伊德的著作《梦的解析》的影响，成为弗洛伊德的挚友。后来由于意见方向的不同，两人逐渐疏远，但他将弗洛伊德理论中的潜意识进一步解释为两种，并推广分析心理学。他的理论在普遍的潜意识理论上增添了"情结"这一每个人不同的后天性潜意识。此外，荣格还对历史与宗教等方面颇感兴趣，在心理学范围之外还涉足了灵魂领域。

阿尔弗雷德·阿德勒

（个体心理学）
1870年—1937年

出生于奥地利的精神科医生、心理学者。阿德勒最初学习医学，后来接受弗洛伊德的邀请参加了研究，与弗洛伊德一起帮助设立了国际精神分析协会，并担任主席。一开始他对弗洛伊德的精神分析颇有兴趣，但反感其性欲说（性冲动），创立了重视对人关系更甚于精神内部的实践性个体心理学（阿德勒心理学）。他认为促使人类行动的是对劣等感的克服和对优越性的追求。阿德勒的心理学在现代被广泛用于促进孩子自立、提高社会性、关爱老人等方面。

马克斯·韦特海默

（格式塔心理学）
1880年—1943年

马克斯·韦特海默生于捷克，在柏林大学学习心理学，于1912年发表《似动现象的实验研究》。他发现以短时间间隔的闪烁光进行视觉刺激能产生看似动态（物理上并不存在的运动错觉）的现象（似动现象），并由此创造了格式塔心理学。格式塔的语源是德语，意思是"整体性和集中性、完形的"。一般简单将其归纳为"模式""形态"等词语。该心理学认为人类的精神并不是部分要素的集合，更应该重视整体性和构造。

后来的熊猫老师和戈本

① 嗯嗯

心理学的效应真是多种多样呢，我真是受益匪浅。比如……

② 与人见面时的第一印象是非常重要的，所以需要注意自己的外貌。

脸、发型 → 服装 ↑ 仪表

③ 有事委托他人时，可以一边吃饭一边提出请求。

④ 称赞别人时，巧妙利用第三者可以获得更好的效果。

⑤ 不要受限于固定观念，做出刻板印象式的评价。

戴眼镜 一定是很认真的人

⑥ 现在我觉得比起纠结自己的名字，还有很多更重要的事值得在意。

⑦ 想和别人交好，成为一个能巧妙利用心理学的人远比在意自己的名字或外形更有用。

⑧ 没错，戈本，看来我已经没有什么东西可以教给你了。

⑨ 不过熊猫老师为什么愿意教我这么多呢?

⑩ 其实第一对熊猫被送到日本时,日本作为回礼送给中国的动物就是企鹅。

噢~

⑪ 那只企鹅就是戈本的爷爷。

⑫ 多谢
哪里哪里,谢谢你才是

⑬ 你爷爷也一定不希望戈本以后变成帝企鹅或凤冠企鹅吧。

⑭ 今后戈本君打算怎么办?回到你父亲身边吗?

⑮ 要回去吗……但我还不太想回去……

⑯ 我还有一个任务是教这孩子心理学,让他成为动物园里的人气动物。

⑰ 我想和戈本一起玩。

⑱ 既然如此，那更不能回去了……

⑲ 啊！我该怎么办！

⑳ 不得了，出大事了！

㉑ 出大事啦！园长说由于动物们的少子高龄化越来越严重，再这样下去动物园将面临存续危机……

㉒ 老师，这时候就可以利用那个效应……对啊，那就用那个效应吧。

㉓ 马上行动，交给我们好了。

㉔ 戈本的冒险还没有结束呢。今后还会发生各种问题……但那又是另一个故事了……

后记

人心是非常复杂的，但如果了解心理学，有时就能掌握人的行动原理和感情。这不仅能让你避免人际交往中的问题，还能帮助你构建更为完善的人际关系。了解心理学之后你会发现比不了解时多了许多好处。

本书所介绍的是一些常见的心理效应，但这些效应存在个体差异，有的也不一定适合你。对于个体差异较大的效应，书中备注了"个体差异大"。心理效应"大"且个体差异"大"的类型所产生的心理效应较强，适用于大多数人，并且反映在每个人身上的差异性较大。而心理效应"大"但个体差异"小"的类型虽适用于大多数人，但反映在每个人身上的差异较小。

另外，并不是所有效应都得到了学术上的认可，其中一些并没有通过多种实验来证明，有些效应的名称也并不常见。请各位读者不用太过于纠结"我就是这样"或者"我根本不是这样"，只要掌握这种心理倾向并加以利用，能帮助各位以此创造更为和谐的人际关系，能够更加了解自己，就是我作为本书作者最大的荣幸。

熊猫老师

利用心理学大受欢迎的现代心理学研究者。本身是杂食动物，但在人类面前只吃竹子，以此来装可爱。

在动物园内进行心理研究，提出了龙宫效应、颜色的重叠效应、纸币效应等新名称。